L'Amie de court
(1542)

Cet ouvrage a été publié pour la première fois en 1997
dans la collection *Textes de la Renaissance* dirigée par Claude Blum.

Bertrand de La Borderie

L'Amie de court

(1542)

Édition critique par Danielle Trudeau

PARIS
CLASSIQUES GARNIER

Danielle Trudeau, professeur émérite de San José State University (Californie), porte ses recherches sur l'histoire de la langue française et de la littérature au XVIe siècle. Elle a publié *Les Inventeurs du bon usage* et des éditions critiques de Bertrand de La Borderie comme *Discours du Voyage de Constantinoble*, et de Pernette Du Guillet, *Rymes*.

Réimpression de l'édition de Paris, 1997.

ISBN 978-2-406-14120-4 (livre broché)
ISBN 978-2-8124-5215-4 (livre relié)
ISSN 1262-2842

INTRODUCTION

De 1542 à 1544 paraissent quatre discours poétiques autour desquels va prendre forme ce que la critique littéraire considère depuis un siècle comme le plus important débat littéraire de la décennie: la «Querelle des Amyes». *L'Amie de court*, le premier de ces textes, fait l'objet de la présente édition. Publié au printemps 1542, il est suivi quelques semaines plus tard de *La Parfaicte Amye* d'Antoine Héroet, puis en 1543 et 1544 de *La Contre Amye* de Charles Fontaine et de *L'Honneste Amant* de Paul Angier[1]. Dès l'année 1544, l'éditeur parisien Galliot du Pré réunit les quatre poèmes pour les publier avec la traduction française du *Mespris de la court* d'Antonio Guevara. Au cours des années suivantes, le corpus initial s'enrichit de poèmes divers et une dizaine d'éditions collectives s'échelonnent jusqu'en 1568[2], témoignant d'un intérêt soutenu du public – et bien entendu des imprimeurs – pour ce débat. Mais après ce succès

1 La chronologie des poèmes de la Querelle a été établie par F. Gohin dans son introduction aux *Oeuvres poétiques* d'A. Héroet (Paris, Droz, 1909 et 1943), mais on consultera en priorité l'article de M. A. Screech, «An Interpretation of the Querelle des Amyes» (*Bibliothèque d'Humanisme et Renaissance* 1959 (21), p. 103-130), p. 103-104, note 1, qui rectifie les hypothèses de Gohin sur la chronologie et l'attribution des textes. La date du privilège accordé à Gilles Corrozet pour *L'Amie de court*, le 9 mars 1541, correspond à l'année 1542 de notre calendrier.

2 La plupart de ces éditions ont pour titre *Le Mespris de la court*. En 1547, Jean de Tournes rompt avec l'usage éditorial en éliminant *Le Mespris de la court* du recueil qu'il publie sous le titre d'*Opuscules d'amour*. Pour le recensement des recueils collectifs, voir F. Lachèvre, *Bibliographie des recueils collectifs de poésies du XVIe siècle* (Paris, Librairie Honoré Champion, 1922), p. 151-54, ainsi que la liste des éditions de *L'Amie de court* qui se trouve à la fin de cette introduction.

retentissant, les poèmes de la Querelle et leurs auteurs eux-mêmes vont peu à peu tomber dans l'oubli, d'où ils ne sortiront qu'au vingtième siècle grâce aux recherches de F. Gohin et de R. L. Hawkins[1]. Aujourd'hui, les ouvrages de référence mentionnent généralement la Querelle des Amyes comme un épisode important de l'histoire littéraire de la Renaissance, mais les textes restent d'un accès limité. En effet, des quatre premiers et principaux poèmes, seul celui d'Antoine Héroet, *La Parfaicte Amye*, a fait l'objet d'éditions modernes[2] tandis que la reproduction du recueil de Jean de Tournes, *Opuscules d'amour*, dans lequel se trouvent les principales pièces de la Querelle des Amyes, est aujourd'hui épuisée[3]. Le temps semble donc venu de remettre ces poèmes en circulation et d'en proposer de nouvelles interprétations, en commençant par celui d'où tout est parti: *L'Amie de court*.

*
* *

La période qui précède l'avènement de la Pléiade a longtemps souffert de la perspective critique établie au siècle dernier selon laquelle les œuvres de la première moitié du siècle ne pouvaient, au mieux, qu'annoncer les brillants

---

1 Ferdinand Gohin, éd. cit.; R. L. Hawkins, *Maistre Charles Fontaine parisien* (1916; New York, 1966).

2 A. Héroet, *La Parfaicte Amye* in *Oeuvres poétiques*, éd. F. Gohin, p. 5-70 (épuisé). *La Parfaicte Amye*, édition critique par Christine M. Hill, University of Exeter, 1981. Bien qu'elle n'ait pas eu de diffusion, on peut aussi mentionner l'édition de *La Contre Amye* de Charles Fontaine par M.-T. Cuyx-Barnes, dans son *Etude sur la Querelle des amies suivie d'une édition annotée de la Contr'amye de Court de Charles Fontaine*, Ph. D. Dissertation, Florida State University, 1974.

3 *Opuscules d'amour*, Lyon, Jean de Tournes, 1547. Reproduction en fac-similé avec une introduction par M. A. Screech, The Hague, Mouton Editeur/Johnson Reprint Corporation, 1970.

développements ultérieurs. Marot, Rabelais, Marguerite de Navarre comptent parmi les quelques écrivains de cette période à avoir été préservés des étiquettes de «précurseurs» ou de «poètes mineurs» apposées à tous les autres. De fait, la première Renaissance française a de quoi laisser perplexe par la singularité des œuvres, tant au niveau des sujets et des points de vue qu'au niveau formel ou tout simplement générique: les compositions littéraires ne se laissent pas aisément classer dans les catégories habituelles.

Dominée par les figures de Clément Marot, Marguerite de Navarre et François Rabelais, la littérature de la première moitié du XVIe siècle mêle volontiers la frivolité au sérieux et à la spiritualité. L'écriture se prête à de savantes alchimies de signes et la lecture s'assimile à une quête de «substantifique moelle»: un enseignement se trouve toujours caché quelque part, dans un proverbe, sous la fable, dans un jeu de mots ou un propos facétieux. Le fonds culturel dans lequel s'enracinent les productions littéraires, les allusions qu'elles contiennent aux grands débats de l'époque ne sont plus immédiatement accessibles au lecteur du XXe siècle. Sur le plan esthétique, même difficulté à apprécier les œuvres; la poésie par exemple est un art ouvert aux amateurs de qualité: le roi et sa cour riment sans complexes, publiant avec des poètes de métier.

En réalité, au cours de la première moitié du siècle on assiste à une éclosion littéraire qui s'inscrit dans un programme d'illustration de la langue française dont l'ampleur n'a rien à envier à celui de la Pléiade, qui se donne pour finalité, de façon aussi ouverte que Ronsard et du Bellay plus tard, de «hausser» la production littéraire en français au niveau de celle des Anciens. On enregistre alors une intense activité de recherche, de traduction et d'imitation des œuvres les plus importantes, tant modernes qu'anciennes, tout cela commandité par le roi. Les humanistes et les écrivains observent ce qui se passe par-delà les Alpes et les Pyrénées, traduisent, adaptent, imitent romans, poésie, théâtre, traités; quelle aubaine quand on trouvera tout cela dans l'*Hypnérotomachie* de Colonna, que Jean Martin va bientôt traduire. Un autre ouvrage venu d'Italie fait fureur dans le beau monde, *Le Courtisan*, dont des traductions manuscrites circuleront jusqu'à la publication, en 1537, de la version de Jacques Colin. Les lettrés remettent à la mode Lucien et Térence, se délectent de *L'Eloge de la Folie* tout en découvrant Platon à travers Marsile Ficin. Certains se scandalisent de tout cela, nourrissent de «faux scrupules» contre l'esprit nouveau et commencent à rêver de procès et de bûchers. Le vent de la liberté souffle joyeux, provocateur, mais en soulevant derrière lui une réaction qui n'attendra pas le nouveau règne pour frapper. Marot, Dolet, Rabelais en feront l'expérience. En attendant, au cours des années 1540-1550, les écrivains diffusent la pensée néo-platonicienne parmi l'élite sociale qui l'adopte comme «son idéologie».

C'est dans ce contexte que se situe *L'Amie de court*, le plus troublant des poèmes de la Querelle des Amyes, chargé d'allusions à la mode, à la culture du temps, le plus vivant et le meilleur sur le double plan poétique et dramatique. On songera sans doute, en le lisant, à Célimène ou Flaminia, à Madame de Merteuil, Camille ou Nana. Mais «l'invention» de La Borderie n'est pas un prototype: personnage à la fois allégorique et réaliste, l'Amie a des préoccupations que Célimène ne comprendra plus; elle nous donne accès à l'esprit qui unissait les milieux mondain et intellectuel de la première moitié du XVIe siècle. Derrière cette plaisante raisonneuse de seize ou dix-sept ans se profilent des personnages réels et la cour de François Ier, ses divertissements, ses intrigues, ses scandales, milieu particulier qui, avec ses écrivains, se cherche une éthique qui puisse réconcilier son amour de la vie et sa soif de spiritualité.

1. L'auteur (circa 1507 – ?)

La carrière de Bertrand de La Borderie n'a pu être que partiellement reconstituée. Il serait né en 1507 selon certains, plutôt entre 1515 et 1520, selon d'autres[1], et aurait été parent de Jean de La Forest, ambassadeur de François Ier auprès de Barberousse et de Soliman[2]. En 1531, La Borderie reçoit 30 écus du roi, "à l'occasion de sa mise hors de page". L'épée l'a peut-être attiré à un certain moment[3] mais c'est vers l'écriture qu'il se tourne au cours des années 1530-1540, se donnant pour maître Clément Marot, qui le salue au détour d'un vers comme le "grand espoir des Muses haultaines"[4]. Il ne publie pourtant rien durant ces années mais vers la fin de la décennie, son destin d'homme de cour semble scellé. Il ne détiendra jamais de charges importantes, mais bénéficiera

---

1 Selon Ch. Livingston, le poète serait né après 1515, car lors du voyage de Constantinople en 1537, il se dit encore "très jeune". Ce qui plaide en faveur de cette hypothèse, c'est que La Borderie semble vraiment faire son apprentissage tant dans les lettres que dans la diplomatie au cours des années 1530-1540. Cf Ch. Livingston, «Un disciple de Marot, Bertrand de La Borderie» (*Revue du XVIe siècle*, t. XVI, 1929, p. 219-82), p. 222. H. Chamard («La Borderie», in *Dictionnaire des lettres françaises. XVIe siècle* (Paris, Fayard, 1951, p. 410) et M.-M. Fontaine («La Borderie», in *Dictionnaire des Auteurs de langue française*, Paris, Bordas, 1987, II, 1239-40), situent toujours sa naissance en 1507.

2 V.-L. Bourilly, «L'Ambassade de La Forest et de Marillac à Constantinople (1535-1538)», *Revue Historique* 1901, 297-328.

3 La Borderie aurait pris part aux campagnes militaires de Piémont et de Flandre, comme le suggère un passage de son *Discours du Voyage de Constantinople*, où il regrette de ne pas avoir connu une mort glorieuse sur ces champs de bataille. Voir M.-M. Fontaine, art. cit., p. 1239.

4 «Le Valet de Marot contre Sagon» in C. Marot, *Oeuvres*, éd. G. Defaux (Paris, Bordas, 1993), II, p. 145:

> Venez, ses disciples gentilz
> Combatre ceste lourderie,
> Venez, son mignon Borderie,
> Grand espoir des Muses haultaines

Le nom de La Borderie se trouve ainsi mêlé à la querelle de Marot contre Sagon (1534-1538).

de l'amitié du roi, des écrivains et des grands personnages de la cour. En 1537, il part porter des lettres du roi à Jean de La Forest, qui se trouve alors en Albanie avec l'armée turque. Mais La Forest meurt quelques jours avant l'arrivée des messagers. Ceux-ci décident alors de se rendre à Constantinople où Marillac «retenu» par Soliman attend l'arrivée du nouvel ambassadeur. A Chios, La Borderie laisse le reste de la mission et se rend par voie de terre à Constantinople où ses compagnons le rejoindront au mois de mars. Peut-être s'agit-il moins pour lui de tromper l'ennui d'un séjour qui se prolonge depuis plusieurs semaines que de doubler la mission officielle au cas où celle-ci serait interceptée par les gens de l'empereur. En tout cas, le caractère exceptionnel des services rendus et les dangers courus pendant ce voyage seront reconnus à son retour en France: en 1538, il touche une pension provisoire en attendant d'être couché sur le cahier des charges de la maison royale. Il devient valet de chambre en 1540, est chargé d'une mission diplomatique en Suisse l'année suivante, puis obtient la charge de pannetier royal en 1546, après quoi on perd sa trace[1]. Il serait mort au cours de la décennie suivante[2].

L'année même où paraît *L'Amie de court*, La Borderie publie aussi son œuvre principale, *Discours du Voyage de Constantinople*, poème de dix-huit cents vers adressé à sa future épouse et qui semble *a priori* n'être qu'une relation du voyage qui l'avait effectivement conduit jusqu'en Turquie; mais les thèmes amoureux et la piété y sont si étroitement mêlés aux péripéties du voyage, que le récit

---

1 La Borderie est mentionné dans le *Catalogue des Actes de François I*[er] (Paris, Imprimerie nationale, 1908), pour sa mise hors de page, tome VII, 647, 27975; pour "ses voyages au Levant" tome VIII, 117, 30335; 172, 30849; 252, 31621; pour sa mission en Suisse, tome IX, 83.

2 H. Chamard, art. cit.

devient finalement celui d'une triple épreuve, de foi en la providence divine, de zèle envers le roi et de constance à l'égard de la dame. Quatre éditions du *Discours* se succéderont entre 1542 et 1548: la première paraît à Lyon chez Pierre de Tours, la seconde à Paris en 1546 chez Gilles Corrozet, la troisième remplace *Le Mespris de la court* dans *Opuscules d'amour* publié par Jean de Tournes à Lyon en 1547 et la quatrième dans *Livre de plusieurs Pieces*, une anthologie publiée aussi à Lyon en 1548[1]. C'est en grande partie sur les éléments autobiographiques que contient le *Discours* que les biographes se sont appuyés pour reconstituer la carrière du poète.

A l'époque où ses œuvres sont publiées, La Borderie était tout à fait «bien en cour». Si l'on en croit Claude Chappuys, ses poésies charmaient "l'oreille du roi"[2]. Courtisan autant que poète, il avait des goûts raffinés, comme l'atteste le superbe manuscrit de sa traduction en vers de *La Huitième Journée du Décaméron de Boccace touchant l'amytié de Tite et Gisippe* (*Décaméron*, X, VIII) offert à François Ier en 1544[3]. Ch. Livingston, qui l'a édité en 1929, a souligné les

---

[1] P.-R. Auguis a donné une édition du *Discours* dans *Les Poètes françois depuis le XIIe siècle jusqu'à Malherbe, avec une notice historique et littéraire sur chaque poète,* Paris, De l'Imprimerie de Crapelet, 1824, tome III, p. 291-350. Voir aussi V.-L. Bourilly, «Bertrand de la Borderie et le *Discours du Voyage de Constantinople* (1537-1538)», *Revue des études rabelaisiennes*, 1911, t. IX, p. 183-200 et F. Lestringant, «La Famille des tempêtes en mer. Essai de généalogie» in *Ecrire le monde à la Renaissance*, Orléans, Paradigme, collection Varia, 1993, p. 139-56.

[2] La Broderie (sic) et Salel font merveille
De contenter la delicate oreille
De ce grand roy, qui tout homme scavant
Veult eslever et posser en avant

Discours de la Court présenté au Roy par M. Claude Chappuys son libraire et Varlet de Chambre ordinaire, Paris, par André Roffet, 1543.

[3] Bibl. Nat. Ms fonds français 7853, fol 344 r°. Selon, Ch. Livingston (art. cit., p. 253), le manuscrit qui se trouve aujourd'hui à Glasgow serait de la main même de La Borderie.

mérites littéraires de cette traduction, mérites qu'avait d'ailleurs reconnus Antoine Le Maçon à l'époque: à la différence des précédents traducteurs de Boccace, La Borderie est parti du texte italien et non pas de versions latines et il a cherché à rendre en français non seulement les nuances de sens, mais aussi les effets spéciaux de la langue et de la prosodie italiennes.

L'œuvre de La Borderie fut sans doute plus abondante que ce qui a été publié. Poète de cour, il a dû composer des poèmes pour le compte de grands personnages, comme cette épigramme contre Louise de Clermont-Tallard écrite pour le comte de Lamirande, dont font état G. Guiffrey et V. L. Saulnier[1]. La jeune femme, entrée à la cour à la même époque que La Borderie, épouse François du Bellay vers 1538 et devient à la même époque demoiselle d'honneur de Catherine de Médicis. De réputation un peu tapageuse, elle a pu servir de modèle à l'Amie de court. Selon V. L. Saulnier, elle aurait tenu un rôle dans la *Comédie des Quatre Femmes* de Marguerite de Navarre, représentée devant le roi en 1542, mais il faut sans doute écarter l'hypothèse séduisante que ce fût celui de la «Première fille», dont les propos ressemblent beaucoup à ceux de l'Amie de court[2].

En fait, les personnages du théâtre de Marguerite dans *La Comédie des Quatre femmes* et celle de *Mont-de-Marsan* (1547), entretiennent d'étroites relations avec ceux de la Querelle des Amyes. Selon V. L. Saulnier, la première pièce aurait été jouée après la publication de *L'Amie de court* et représenterait la participation personnelle de Marguerite au

---

1 Bibl. Nat. Ms. fonds fr. 1667, fol. 158. V. L. Saulnier, édition de Marguerite de Navarre, *Théâtre profane*, Paris, Droz-Minard, 1978, p. 93 note 4.

2 Ce rôle aurait été tenu par la fille de François Ier. Sur la distribution probable des rôles de cette pièce, voir V. L. Saulnier, éd. cit., p. 92.

débat[1]. Dans la *Comédie de Mont-de-Marsan*, qui sera jouée en 1547, les rapports entre les poètes et Marguerite sont encore plus visibles: dans cette pièce, les répliques de la Mondaine coïncident avec le discours de l'Amie, tandis quc les personnages de la Superstitieuse et de la Sage s'apparentent respectivement à la Contre Amye de Charles Fontaine et à la Parfaicte Amye d'Antoine Héroet. Quant au quatrième personnage, il est de l'invention de la reine: c'est la mystique, la «Ravie de l'amour de Dieu» en laquelle l'auteur aurait, dit-on, représenté l'idéal auquel elle tendait. Un autre point unit Marguerite de Navarre et La Borderie: c'est la publication en 1546 par Gilles Corrozet du *Discours du Voyage de Constantinople* avec *La Fable du faulx cuyder* que la reine de Navarre dédie à sa nièce Marguerite[2]. Un lien passe en effet par cet imprimeur parisien, premier éditeur de *L'Amie de court* et auteur lui-même d'une adaptation du *De Amore* de Marsile Ficin publiée en 1542[3].

La devise de La Borderie, «de mort en vie», que nous trouvons à la fin de *L'Amie de court* dans plusieurs éditions concentre l'enseignement des deux courants de pensée auxquels se rattachait le poète comme une bonne partie de l'élite intellectuelle d'alors: le platonisme d'une part,

---

[1] Il est possible que le document de février 1542 d'après lequel Saulnier date la pièce de Marguerite soit en fait de 1543, car Saulnier, qui ne tient pas compte du changement de calendrier, date *L'Amie de court* de 1541. Selon lui, les poèmes de La Borderie et d'Héroet précédèrent la *Comédie des Quatre Femmes*. Quelles que soient les dates, l'influence a probablement joué dans les deux sens puisque tous les auteurs de la Querelle appartiennent à la mouvance néo-platonicienne.

[2] [Marguerite de Navarre], *La Fable du faulx cuyder, contenant l'histoire des nymphes de Dyane transmuées en saulles, faicte par une notable dame de la court, envoyée à Madame Marguerite, fille unicque du roy de France*, Paris, Gilles Corrozet, 1546.

[3] *La Diffinition & Perfection d'Amour. Le Sophologe d'Amour. Traictez plaisaintz & delectables oultre l'utilité en iceulx contenue*, Paris, Gilles Corrozet, 1542.

l'évangélisme paulinien d'autre part. «De mort en vie» décrit en effet la transformation de l'individu né pécheur et ignorant qui renonce à cet état et aspire à la «vie», c'est-à-dire à la sainteté si on se place dans la perspective chrétienne et au «bien» du point de vue platonicien. Cette conception qui donnait à l'expérience vécue la priorité sur la théorie et postulait l'assistance divine, avait aussi valeur universelle, pouvant s'appliquer à tous les domaines de l'existence, des plus matériels aux plus sublimes: c'était l'ancienne éthique chevaleresque et courtoise, approfondie et enrichie de l'évangélisme et de l'humanisme[1].

Si la littérature de la décennie 1540-1550 porte si souvent sur le sujet de l'amour, c'est que ce sentiment – quel que soit le sens où on l'entende, humain, divin, charnel, spirituel – occupe une place privilégiée parmi les causes qui provoquent le devenir de l'être et l'entraînent soit du côté de la mort soit du côté de la vie. La conception pétrarquiste de l'amour comme «erreur» devait bientôt s'enrichir de l'apport de la philosophie platonicienne: après Maurice Scève, Pontus de Tyard réunira les deux courants. L'œuvre de La Borderie laisse entrevoir la recherche d'une voie moyenne entre la sentimentalité pétrarquiste et l'amour platonicien, car en rejetant la première, le discours en conserve l'élément principal, la tension de l'être vers la réalisation de son désir. Restera à transformer cette aimantation en mouvement volontaire – ou errance raisonnée – dans lequel les amants se reconnaissent comme élus l'un pour l'autre et comme

[1] Voir à ce sujet R. D. Cottrell, «Le Déplacement d'Eros par Anteros dans L'Amye de Court de La Borderie» in *Anteros*. Orléans, Paradigme, 1994, p. 117-36. Dans les éditions collectives, la devise «de mort en vie» est suivie d'un huitain de Paul Angier qui se justifie d'avoir choisi la même devise que La Borderie. En fait, celle d'Angier était «de mort *à* vie». F. Gohin croyait que Paul Angier était un pseudonyme de La Borderie (éd. cit., p. XXXVII). Sur cette question, voir la mise au point de M. A. Screech, art. cit., p. 104, note.

l'image l'un et l'autre de l'idéal[1]. Dans l'étude qui suit notre édition du poème, nous nous attachons à montrer que, contrairement à la plupart des interprétations qu'on en a données jusqu'à présent, *L'Amie de court* trouve sa place dans le courant néo-platonicien.

2. Le poème

L'Amie de court est un discours de 894 vers, dans lequel une jeune fille livre au public ses réflexions sur l'amour, la vie et le mariage. Le poème se décompose en un prologue suivi de sept mouvements qui amènent l'énonciatrice (l'Amie) de sa négation initiale de l'amour à la conception de l'amour parfait.

Prologue: vers 1-56.

L'Amie se prétend capable de résister à l'amour dont elle tourne en dérision les représentations poétiques et romanesques: elle se moque de l'arc, des flèches, du poison, de la maladie d'amour, des feux qui consument le cœur des amants, etc. A cette conception doloriste de l'amour, elle oppose le plaisir et se donne elle-même comme modèle à suivre.

Premier mouvement: vers 57-100.

L'Amie commence sa «leçon» par le récit de sa vie. Elle a toujours eu conscience de ses charmes et du désir qu'elle provoquait chez les hommes. Elle représente comme un plaisir légitime ce que d'autres nomment vanité ou coquetterie. Elle résume en quelques mots la règle qui lui évite les tourments de l'amour: se faire aimer sans aimer elle-

---

1 Voir J.-C. Carron, *Discours de l'errance amoureuse. Une lecture du Canzoniere de Pontus de Tyard*, Paris, Vrin, 1986.

même. Elle la répétera à plusieurs reprises au cours du poème.

Deuxième mouvement: vers 100-270.

L'Amie décrit sa résistance à l'amour comme une guerre qu'elle mène avec Fermeté, Honneur, Crainte, Innocence, Chasteté, Raison, Prudence contre les «soudars» d'Amour, Faux semblant, Espoir, Langue diserte, Volupté, etc. L'Amie fait l'éloge de Dissimulation, dont elle se sert de plusieurs façons.

Troisième mouvement: vers 271-375.

Ici apparaît le point le plus original du poème, l'idée que la femme dispose d'un «capital érotique» dont elle peut se servir comme appât. L'Amie expose cela cyniquement: le seul bien qu'elle possède étant sa beauté, avoir des amants est un moyen de savoir si elle reste belle, c'est-à-dire de mesurer sa valeur; en avoir plusieurs sera donc le signe que sa valeur est en hausse. Le sage «investissement» de son «capital» auprès de grands seigneurs lui procure de «riches paremens» qui rehaussent sa beauté sans qu'il lui en coûte rien, car elle ne permet à ses amants que de spéculer sur son capital. Les médisants montrent peu de finesse en croyant qu'elle échange la «vertu» et «l'honneur» contre des bijoux: un tel échange ne pourrait avoir lieu qu'une seule fois, alors qu'en ne donnant rien en échange de ce qu'elle reçoit, l'Amie continue d'attirer des soupirants.

Quatrième mouvement: vers 376-635.

Ce long développement est centré sur le thème de la liberté, liberté de circuler, liberté de parler, liberté de penser. Elargissant son propos à la condition féminine tout entière, l'Amie accuse de stupidité ceux qui croient que la femme se dévoie dès qu'elle agit par elle-même. Elle démontre que la contrainte ne garantit pas la loyauté des femmes. Ce ne sont pas les coutumes, les lieux ni l'entourage qui rendent les personnes honnêtes ou malhonnêtes; chacun suit sa nature, qui tend soit d'un côté soit de l'autre. Non seulement les prisons et les interdits n'arrêteront pas les femmes légères mais ils les inciteront à transgresser. A l'inverse, la femme honnête saura repousser toutes les avances. Pour en donner la preuve et défier en même temps l'opinion, l'Amie raconte qu'il lui est arrivé de se laisser toucher par un de ses amants sans avoir pour autant perdu son honneur: au contraire, sa capacité à résister à la tentation augmente sa «gloire».

Cinquième mouvement: vers 635-733.

L'Amie décrit la relation qu'elle entretient avec ses amants: elle les domine, et ne se laisse dominer par aucun. Elle décrit leurs ruses et leur comportement, s'attardant un peu sur les jeunes inexpérimentés, qui la divertissent le plus. L'hypocrisie des hommes ne l'attriste pas, elle prend plaisir à feindre l'amour avec tous, trouvant à chacun quelque mérite.

Sixième mouvement: vers 733-844.

Quelle est, demande l'Amie, la finalité de ses jeux? C'est de trouver un mari. Sachant que la beauté ne durera pas toute la vie, l'Amie prépare soigneusement sa «retraite», c'est-à-dire le mariage. Elle se compare aux prédateurs, la lionne, l'épervier, qui rôdent longtemps autour des troupeaux pour choisir la meilleure proie. Ainsi, tout bien pesé, elle pense qu'il est préférable de se marier avec un homme riche mais grossier qu'on n'aime pas qu'avec un «plus savant» qu'on aime, mais qui est sans le sou. S'imaginant donc mariée avec un de ces «lourdeaux», elle se fait fort de le civiliser, et d'obtenir de lui tout ce qu'elle voudra. Tout à coup, elle entrevoit la possibilité qu'il ne se laisse pas «domestiquer». Epouvantée, elle chasse cette sinistre vision pour s'adonner à la rêverie opposée: celle du mariage parfait qu'elle croit mériter.

Septième mouvement: vers 845-894.

Faisant pendant au prologue, l'épilogue reprend le *topos* poétique des attributs de l'amour. L'Amie recrée ici l'amour à son gré, dans l'esprit platonicien, ayant la certitude de ne jamais souffrir de cet amour-là. Elle prend alors congé de la compagnie pour aller rêver tout à son aise de son bonheur futur.

L'auteur s'est effacé derrière son personnage qui demeure, du début à la fin, le seul sujet de l'énonciation. D'où l'illusion d'entendre une voix non seulement «féminine», mais aussi «adolescente», ce qui est rare dans la littérature française de cette époque. A quelques reprises, l'Amie fait appel à un public de «dames» qui serait là, à l'écouter. Un cadre social fictif se trouve ainsi esquissé, conformément à une tradition issue du *Décaméron* et qui gagne la littérature française au XVIe siècle[1] : on imagine une réunion mondaine, peut-être à la cour même, ce lieu idéal de l'échange représenté dans *Le Courtisan* de Castiglione. A la fin de son discours, l'Amie quitte la compagnie pour aller songer, dans la solitude de ses appartements, à l'amour idéal qu'elle vient d'inventer: attirée par une vision, l'Amie retourne dans le monde imaginaire d'où elle est sortie et dont le poème nous fait entrevoir la puissance anagogique. Au moment où elle disparaît, les saillies de son discours résonnent encore et elles résonneront longtemps dans le public, le fictif comme le réel, donnant naissance à d'autres personnages comme la Contre Amye, la Parfaicte Amye, l'Honneste Amant.

---

[1] Avant L'*Heptaméron*, les *Contes amoureux* de Jeanne Flore (Lyon, ca. 1537) avaient exploité les ressources narratives du cadre fictif.

3. Le genre et le statut du texte

L'Amie de court, comme la plupart des pièces de la Querelle des Amyes, est un «discours» poétique. Ce genre, que les humanistes vont remettre à la mode, n'avait pourtant pas été négligé au cours du Moyen Age. En fait, il est présent dans le roman aussi bien que dans des œuvres didactiques, servant de nombreuses fins, apologétiques, polémiques ou satiriques. *Le Roman de la Rose* se compose essentiellement de discours tenus par des personnages qui viennent tour à tour conseiller le héros. Mis en scène avec des moyens souvent rudimentaires, le discours fournit des comédies à un personnage, genre dérivé de l'improvisation et particulièrement goûté du public à la charnière du XVe et du XVIe siècle. La complainte en est une autre forme dérivée, et on peut citer comme exemple un poème d'A. Héroet, *Complaincte d'une Dame surprinse nouvellement d'Amour* qui précède de quelques années *L'Amie de court.* Dans la veine satirique, A. Papillon avait publié en 1537 un discours intitulé *La Victoire & Triumphe d'Argent contre Cupido dieu d'amours n'aguieres vaincu dedans Paris.* Charles Fontaine avait répliqué pour justifier la conduite des dames de Paris dans sa *Responce faicte a l'encontre d'un petit livre intitulé le Triumphe...* (1537).

La situation fictive du discours de l'Amie de court est une réunion ou peut-être un repas au cours duquel le personnage prend la parole pour «instruire» et divertir ses amies. De ce point de vue, le texte qui a le plus directement servi de modèle à La Borderie est *Hécatomphile* de Leone Battista Alberti, dont une traduction en prose avait été publiée à Paris par Galliot du Pré en 1534, accompagnée de poésies de François Ier, de Marguerite de Navarre et de poètes de la cour. Hécatomphile appartient elle aussi à la bonne société, mais elle est un peu plus âgée que l'Amie. Le cadre fictif du monologue d'Alberti est un théâtre; en attendant le début du jeu, Hécatomphile monte sur la scène et entreprend un discours sur l'amour: il faut, conseille-t-elle aux jeunes filles, choisir un amant dans la force de l'âge, qui soit riche, beau et prestigieux, mais sans excès et surtout qui sache être discret, car il doit aider la dame à protéger son honneur. La Borderie transposera le cadre à la cour, mais conservera le ton mi-badin mi-sérieux d'Hécatomphile, dont il parodie d'ailleurs certains propos comme pour signer sa dette envers Alberti.

Pour la plupart des critiques contemporains, *L'Amie de court* appartient à une catégorie spéciale de discours, l'éloge satirique[1] et se distingue par là de *La Parfaicte Amye* d'Héroet et de *La Contre Amye* de Fontaine, qui sont nettement plus didactiques et dépourvus de caractère satirique. Nous devrions donc lire *L'Amie de court* non pas comme un éloge, mais comme une condamnation de la coquetterie sous les allures trompeuses d'une leçon. Il s'agirait donc d'un «éloge paradoxal de la vanité». Mais si on identifie facilement les éléments satiriques dans le poème, il est beaucoup plus difficile de préciser le point de vue de l'auteur: se moque-t-il de la cour dans l'absolu ou des nouvelles modes qui envahissent la cour dans les années 1530-1550?

Les classifications sont utiles mais, concession faite aux méthodes des études littéraires, chaque texte revendique sourdement sa singularité. Le lecteur aura plusieurs fois l'occasion de se demander au cours de sa lecture qui parle ou si ce discours est bien une satire. Ces questions sont légitimes: le sens et la portée de *L'Amie de court* dépassent ce à quoi le réduit l'étiquette d'éloge satirique et, malgré quelques ressemblances superficielles, le personnage de

---

1 Voir P. M. Smith, *The Anti-Courtier Trend in Sixteenth Century French Literature*. Genève, Droz, 1966 et A. H. Tomarken, *The Smile of Truth. The French Satirical Eulogy*, Princeton, Princeton University Press, 1990.

l'Amie ne produit ni l'effet d'une Célimène ni celui d'un Tartuffe. C'est que La Borderie joue sur les niveaux de la satire. Il choisit une gamme d'effets qui rendent son personnage ambivalent à souhait: cette Lolita renaissante choque, séduit, amuse, inquiète, enseigne même. Naïve et perverse, l'Amie n'est peut-être pas une figure très «morale» mais comme personnage littéraire, elle ne laisse personne indifférent. Aussi, considérant que l'ambiguïté participe de la dimension *anagogique* du texte, nous en avons reporté l'étude à la fin du volume.

4. Le style

L'œuvre de La Borderie, moins importante que celle de ses contemporains Héroet et Fontaine, auxquels on le compare parfois, se défend avant tout par le style. En bon disciple de Marot, mais aussi en courtisan, La Borderie cherche à plaire par la simplicité plutôt que par les effets savants. Il emploie de préférence un vocabulaire familier, clair et précis, évitant les calques latins et italiens que ses contemporains affectionnaient. C'est un mérite que souligne, comme une marque de bon goût, l'imprimeur Pierre de Tours dans l'adresse au lecteur qui précède le *Discours du Voyage de Constantinople*:

> Tu trouveras une facilité, & félicité bien grande de nostre langue Françoyse, une doulceur, & propriété moderne, au lieu d'une rudesse, & barbarie antique avec ses equivoques contrainctz.

Ce commentaire, qui donne la priorité à la modernité sur l'antiquité et à l'aisance (nous dirions «le naturel») sur la «contrainte» de l'expression, pourrait aussi bien s'appliquer à *L'Amie de court*, comme le montre la comparaison avec des œuvres en prose contemporaines, dont le style reflète la tendance à la surcharge et au calque:

> O combien moy & les aultres sommes malheureuses & d'entendement alienees d'adorer & honorer celuy Cupido! (...) si nous etions bien considerantes, ne le debvrions aucunement estimer, mais au contraire detester, execrer, blasphemer.
>
> Hélisenne de Crenne, *Le Songe* (1541)

> Voyant en chascune de vous (vertueuses & belles filles) plusieurs indices de courage opprimé par sollicitudes & griefves cures amoureuses, il me semble que je feray office de clemence humaine, si par doctrine profitable les rends faciles et legieres.
>
> *Hécatomphile* (1534)

> Dont je veulx bien dames vous advertir
> Que si voulez ensuyvre ma doctrine
> Vous trouverez utile medecine
> A ce grief mal qui voz pensées poingt,
> Assez de joye & de tristesse point:
> Dont voz clameurs, voz regretz, & complainctes
> Seront ainsi que les miennes estainctes.
>
> *L'Amie de court*, vers 46-52

Choisissant de préférence des termes familiers et concrets qui feront image et évitant les synonymes, La Borderie parvient à une élégance sobre, qui convient à son sujet, moins grave que celui d'Héroet, et son style dépasse en qualité celui de Fontaine, dont *La Contre Amye* pourrait servir de répertoire de chevilles:

> Je parleray du myen (i.e. de mon amour) tant seulement
> Laissant exemple en ce vray monument,
> A qui ne sçait bien aimer de m'ensuyvre,
> Parfection d'amour sera mon livre
> Intitulé: pour lequel accomplir
> Il n'est besoing de fables le remplir
>
> Antoine Héroet, *La Parfaicte Amye*, I, 19-24

> Quand je cogneu que l'Amye de Court
> Blasmoit l'amour (dont encor le bruit court)

Qu'amour n'est rien que fainte poësie:
Ou mesmement que folle fantasie:
Je dy en moy: Ha n'oseray-je point
Deffendre amour que l'on blasme en ce point?
Charles Fontaine, *La Contre Amye*, 1-6

La sobriété de *L'Amie de court* doit évidemment être mise en rapport avec la personnalité de l'héroïne – une jeune mondaine – et avec le lieu fictif du discours – la cour. Préoccupée de se montrer agréable plutôt que savante l'Amie emploie une langue simple, un peu ingénue, correcte sans affectation, et un vocabulaire effectivement «moderne» plutôt que latinisant. Son langage s'oppose par ces traits à celui de la Parfaicte Amye, plus âgée et plus mûre intellectuellement, plus dogmatique aussi. Estienne Dolet soulignait déjà cette différence de styles entre les deux œuvres, notant que le poème d'Héroet était "d'une aultre estoffe, c'est à dire plus haultain et de discours plus grave"[1]. Certains passages sont toutefois d'une facture plus savante, par exemple dans l'épilogue, lorsque l'héroïne se rapproche moralement de la Parfaicte Amye tandis qu'elle prend ses distances vis-à-vis de son auditoire. Mais dans l'ensemble, la situation fictive du discours, la réunion mondaine, commande l'emploi d'un style sans affectation. Dès cette époque, la pratique du calque et de l'emprunt comme l'emploi de termes savants commençaient à apparaître comme des fautes de goût[2]. D'ailleurs il est tout à fait possible que ce poème ait été composé pour être récité devant la cour, public naturel de La Borderie, comme cela se pratiquait assez couramment. En tout cas, *L'Amie de Court* se distingue des autres poèmes de

---

1 Estienne Dolet, «au Lecteur Françoys S.» in A. Héroet, *La Parfaicte Amye*, A Lyon, Chés Estienne Dolet. 1542.

2 G. Tory, *Champ Fleury* (1529), se moque des diverses formes d'affectation langagière de son temps. Voir notre étude sur les grammairiens de la Renaissance, *Les Inventeurs du bon usage*, Paris, Minuit, 1992, chapitre 1.

la Querelle par sa dimension comique, la simplicité de la langue et son caractère essentiellement oral qui nous permet d'en imaginer, aujourd'hui encore, la représentation sur scène.

5. Le choix d'une édition

Il n'existe pas de manuscrit de *L'Amie de court*, mais le texte a fait l'objet de trois éditions séparées avant d'être réuni au *Mespris de la court* et aux autres pièces de la Querelle. Nous avons répertorié neuf éditions de ces recueils collectifs parus entre 1544 et 1568[1]. Nous donnons ici le texte publié à Paris par Gilles Corrozet dont la date du privilège, le 9 mars 1541 (i.e. 1542 n.s.), indique qu'il s'agit de la première édition, sans doute corrigée par La Borderie. Estienne Dolet publie aussi *L'Amie de Court* au mois de mai de cette même année 1542, sans faire mention d'aucun privilège pour ce texte. De toutes les éditions, c'est celle de Dolet qui introduit les variantes typographiques les plus intéressantes et apporte les meilleures corrections aux passages obscurs[2]. Pour l'essentiel toutefois, Dolet semble s'être appuyé sur l'édition de Corrozet. Les nombreuses autres éditions qui ont vu le jour par la suite, à l'exception des *Opuscules d'amour*, présentent toutes trop d'erreurs pour être jugées supérieures à l'édition princeps. Le texte de 1542 ne posait que quelques problèmes que la plupart des éditions subséquentes corrigent mais en introduisant toutes de nouvelles coquilles ou d'autres leçons fautives.

1 Voir la liste des éditions consultées à la fin de l'introduction.

2 Dolet introduit le point d'exclamation, qui souligne l'expressivité de certains passages; il multiplie les alinéas qui «aèrent» le texte, en suggérant les différents mouvements; il emploie plus fréquemment la virgule (ponctuation «à l'allemande») et les deux points, avec diverses valeurs, comme le fera J. de Tournes.

Dans la première édition, comme dans celles de Dolet et de J. de Tournes (*Opuscules d'amour*), l'orthographe est systématique tandis qu'elle l'est beaucoup moins dans les autres éditions où les lettres quiescentes – par exemple «l» dans «aultre», «eulx» ou «mieulx» – sont tantôt maintenues, tantôt supprimées. L'usage des accents est capricieux dans toutes les éditions du *Mespris*, plus cohérent dans l'édition princeps, celle de Dolet et dans les *Opuscules*. Le recueil collectif de Galliot du Pré paru en 1544, bien que d'une meilleure facture que les éditions suivantes, ne résout pas les problèmes de l'édition de 1542 et, selon l'usage de cet imprimeur, ignore l'apostrophe. En somme, aucune autre édition, pas même celle de Dolet, ne paraît supérieure à la première, dont la graphie et la ponctuation plus simples reflètent peut-être cette orthographe de cour du temps de François Ier que Robert Estienne donnera comme la norme du français écrit[1].

6. Normation du texte

Nous reproduisons le texte de l'édition de 1542 dans son orthographe originale, à l'exception des changements suivants:

- dissimilation des u et des v, des i et des j.
- remplacement des tildes par la voyelle suivie de la consonne nasale m ou n selon le cas.
- remplacement des ß par le double s.
- élimination de ſ et normalisation de s dans toutes les positions.
- Les signatures de l'édition originale se trouvent dans la marge de droite.

---

[1] R. Estienne, *Traicté de la Grammaire françoise* (s.l.n.d. [1557]), Préface.

- nous avons aussi introduit une numérotation des vers pour faciliter la consultation de l'apparat critique.

7. Notation des variantes.

Si les différentes éditions de *L'Amie de court* varient beaucoup entre elles du point de vue typographique et orthographique, elles présentent très peu de variantes textuelles, parmi lesquelles certaines sont dues à la ponctuation. Nous avons donc choisi les variantes qui peuvent éclairer le texte ou, cas plus rare, celles qui en proposent une lecture différente. Pour ce qui concerne l'orthographe, nous n'avons retenu que les variantes indiquant une prononciation (povoir/ pouvoir) ou un sens (folz/ faulx) différents. Quant à la ponctuation, nous signalons les corrections apportées au texte de 1542 ainsi que les variantes qui traduisent une interprétation différente des relations syntaxiques entre mots ou propositions à l'intérieur des phrases ou du discours, ainsi que les points d'exclamation qui soulignent l'expressivité de certains passages.

L'Amie de court, à la différence des autres pièces de la Querelle des Amies, s'est transmise sans variation substantielle. Ceci s'explique en partie par la qualité supérieure de la première édition et par le fait que La Borderie écrit avec clarté et précision, évitant les chevilles et les bourres. Mais cette clarté d'expression ne garantit pas la transparence absolue du message. Comme nous le verrons dans l'étude qui suit le poème, *L'Amie de court* est la seule pièce de la Querelle qui pose aujourd'hui encore des problèmes d'interprétation.

8. La ponctuation.

Nous avons relevé de nombreuses différences d'une édition à l'autre dans la ponctuation du texte. Non que ces variantes modifient le sens global du texte de l'édition originale, mais elles changent, dans plusieurs cas, les rapports syntaxiques à l'intérieur des phrases ou bien elles imposent des limites de phrases différentes. D'autres variantes proviennent d'interprétations de certaines marques de ponctuation, entre autres les deux points, qui sont polyvalents au XVIe siècle. Comment expliquer cette diversité ponctuatoire, surtout entre éditions d'une même famille, qui présentent par ailleurs peu de variantes orthographiques ou textuelles entre elles?

On peut supposer que les protes se soient fait lire les textes qu'ils préparaient soit pour gagner du temps soit pour joindre l'utile à l'agréable, *L'Amie de court* atteignant son plein effet quand il est récité. Les variantes s'expliqueraient par le fait que les lecteurs interprétaient différemment le texte source. Cependant, cette hypothèse ne tient pas pour ce qui concerne les éditions d'une même lignée, qui sont visiblement des copies de textes lus par ceux qui les préparaient. Sans écarter tout à fait la première hypothèse, nous pensons qu'il faut considérer ces variantes de ponctuation comme des modifications délibérées du texte, apportées par les responsables de la composition, que ne satisfaisait pas la ponctuation du modèle qu'ils suivaient. Aucune des éditions de la famille M ne modifie de façon systématique la ponctuation de la première, tandis que chez Dolet et dans une moindre mesure chez Jean de Tournes les changements sont cohérents. Nous avons donc conservé les variantes qui modifient le sens d'un passage et rejeté celles qui ont peu (les virgules, surtout) ou pas du tout d'incidence sur la signification.

9. Passages difficiles.

L'édition de 1542 présente un petit nombre de fautes et de leçons difficiles:
vers 114: *Son* faulx semblant & doulce cruaulté
vers 158: Soing, *Esprit*, esquelz tout est notoire (vers défectueux)
vers 344: Sans faire tort à moy ny *à mes miens*?
vers 398: Maulgré *nous* son naturel suyvra
vers 443-444: Que cela *veult* (non point aultre raison)| Plusieurs *vouloir* leur femme en leur maison.
vers 584: *N'ayant* le mien en servitude pris
vers 603: *Aisément nous* ayder & deffendre (vers défectueux)
vers 852: Pour me *vouer* en fin estre vouée

Nous avons trouvé des corrections dans tous les cas, sauf pour les vers 443-444, qu'aucune édition ne corrige de manière satisfaisante.

10. Symboles utilisés pour noter les variantes.

Editions:
A1 = G. Corrozet, Paris 1542. Exemplaire de la Bibliothèque nationale.
A1b = même édition avec quelques variantes de ponctuation. Exemplaire de la Bibliothèque de l'Arsenal.
D = Lyon, Etienne Dolet 1543. Exemplaire de la Bibliothèque municipale de Toulouse.
M1 = Paris, Galiot du Pré 1544. Exemplaire de la Bibliothèque nationale.
M2 = Paris, Jehan Ruelle 1545. Exemplaire de la Bibliothèque nationale.
O = Lyon, Jean de Tournes 1547. Exemplaire de la Bibliothèque nationale.

M4 = Paris, Guillaume le Bret 1549. Exemplaire de la Bibliothèque du Musée Condé à Chantilly.
M5 = Paris, Jehan Ruelle 1550. Exemplaire de la Bibliothèque de l'Arsenal.
M7 = Paris, Annet Briere 1556. Exemplaire de la Bibliothèque de l'Arsenal.
M8 = Paris, Jehan Ruelle le Jeune 1568. Exemplaire de la Bibliothèque nationale.

Ponctuation:
[ ] signale toujours une variante de ponctuation.
[,] indique une variante à la fin du vers (point, virgule, deux points, etc)
[, texte,] ou [texte,] indique une variante à l'intérieur du vers, avant ou après le mot cité.

*
* *

ÉDITIONS DE L'AMIE DE COURT AU XVIe SIÈCLE[1]

*1542 - A 1
L'Amie de court/ inventee par le/ Seigneur de Borderie./ On les vend à Paris en la rue neufve no-/stre dame, es bouticques de Denys Janot/ & Vincent Sertenas libraires./ Avec privilege pour deux ans./ 1542. Au verso de la page titre: extrait du privilège accordé à Gilles Corrozet, daté du mois de mars 1541 [1542 n.s.]. Bibl. Nat. Rés p. Ye. 468.

---

[1] Les astérisques indiquent les éditions consultées pour la préparation de ce volume.

*1542 - A 1b
L'Amie de court/ inventee par le/ Seigneur de Borderie./ On les vend en la grande salle du Palais en la bouticque de Gilles Corrozet libraire. Même édition que A1, moyennant quelques variantes dans la ponctuation. Ce volume est relié avec *La Parfaicte Amye* (A Troyes, Par Maistre Nicole Paris. 1542). Arsenal 8° B. 10990 Rés. in 8°.

1542 - D1 [Edition postérieure à celle de Gilles Corrozet. Christie 527]
L'Amie de/ Court/ Nouvellement inventee par le Sei-/ gneur de la Borderie./ A Lyon,/ Chés Estienne Dolet./ 1542. Passau Stat B. Le (b) 81/ 2 et Manchester John Rylands Library, col. Christie, 3. d. 13.

*1543 - D [Réimpression de D1 - 1542 (Longeon 137-138 et Christie 3, 77)]
L'Amie de/ Court/ Nouvellement inventee par le Sei-/ gneur de la Borderie./ A Lyon/ Chés Estienne Dolet./ 1543. Dole, B. Municipale, 1579; Toulouse, Rés. D. XVI. 300/ 2 : relié avec *La Parfaicte Amye* et d'autres œuvres d'Antoine Héroet (Lyon, Estienne Dolet 1542), reliure XVIIIe siècle.

*1544 - M1
Le Mes-/ pris de la court,/ avec la vie rustic-/ que. Nouvellement traduict De-/ spagnol en Françoys./ Lamye de court/ La parfaicte amye/ La contreamye/ Landrozyne de Platon/ Lexperience de lamye de court,/ contre la contreamye./ On les vend a la grant salle du Palais,/ en la bouticque de Galiot du pré,/ 1544. Bibl. Nat. Rés. p. R. 398.

*1545 - M2
Le Mespris/ de la court/ avec la vie rustic-/que. Nouvellement traduict/ d'Espagnol en Francoys./ L'amye de

court/ La parfaicte amye/ La contreamye/ L'androgyne de Platon / L'experience de l'amye de court, contre la/ contreamye./ A Paris,/ Chés Iehan Ruelle, a L'enseigne de/ la queue de Regnart en la/ rue Sainct Iaques./ 1545. Bibl. Nat. Rés. p. Z. 1561.

1546 - M3

Le Mespris/ de la court,/ avec la vie ru-/ stique. Nouvellement/ traduict d'Espagnol/ en Françoys./ L'amye de court./ La parfaicte. amye./ La contreamye./ L'androgyne de Platon/ L'experience de l'amye de court, contre/ la contreamye/ La nouvelle amour./ A Paris,/ On les vend à Paris par Arnoul l'Angelier,/ tenant sa boutique au second pillier de/ la grand salle du Palais./ 1546. Bibl. d'A. Lefranc et de H. Vaganay. Signalé par F. Gohin (LV), Lachèvre et M. C. Hill (XXXII). Considéré introuvable.

* 1547 - O

Opuscules/ d'amour, par He-/ roet, La Borderie ,/ et autres divins/ poëtes. A Lyon par Iehan de Tournes, MDXLVII. in 8° de 346 pp. chiff. Bibl. Nat. Rés. Ye 1611. Arsenal 8° B12016 Rés. Reproduction en fac-similé avec introduction de M.A. Screech. Classiques de la Renaissance en France, sous la direction de M.A. Screech. The Hague: Mouton Editeur, 1970. Bibl. Nat. 16 Z 14696 (4).

*1549 - M4

Le Mespris/ de la court,/ avec la vie Rustique./ Nouvellement tra-/ duict d'Espagnol/ en Fran-/ çoys./ L'amye de court/ La parfaicte amye/ La contreamye/ L'androgyne de Platon / L'experience de l'amye de court, contre la contreamye./ Le nouvel amour./ A Paris,/ On les vend au clos Bruneau, à l'enseigne de la/ corne de Cerf, par

Guillaume le Bret./ 1549. Musée Condé, Chantilly. n° 871 cote: XI.D.

*1550 - M5

Le Mespris/ de la court,/ avec la commenda-/ tion de la vie rusticque, Nou-/ vellement traduict/ d'Espagnol en / Francoys./L'Amie de Court,/ la Parfecte Amye,/ la Contr'amye,/ L'Androgyne de Platon,/ L'Experience de l'Amye de Court,/ contre la Contr'amye./ L'Honneste Amant./ Le Nouvel Amour./ Avec plusieurs Epistres, Elegies/ et Dizains, au propos que dessus./ A Paris./ Chez Jehan Ruelle, a l'enseigne de la queue de/ Regnard, en la rue Saint Jacques./ 1550. Arsenal 8° S 4789.

1551- M6

Le Mespris / de la court, / avec la commenda-/ tion de la vie rusticque, Nou-/ vellement traduict/ d'Espagnol en / Francoys./ L'Amie de Court,/ la Parfecte Amye,/ la Contr'amye,/ L'Androgyne de Platon,/ L'Experience de l'Amye de Court,/ contre la Contr'amye./ L'Honneste Amant./ Le Nouvel Amour./ Avec plusieurs Epistres, Elegies , Di-/ zains, au propos que dessus./ A Paris./ Chez Jehan Ruelle, a l'enseigne de la queue de/ Regnard, en la rue Saint Jacques./ 1551. Bibl. de Munich. Ph. Pr. 607.

*1556 - M7

Le mespris de la /court, avec la/ commendation/ de la vie Rustique, nouvelle-/ment traduict d'Espai-/gnol en François./ L'Amye de Court./ La parfecte Amye./ La Contr'Amye./ L'androgyne de Platon./ L'experince de l'Amye de Court contre la Contr'Amye./ l'honneste Amant./ Le Nouvel Amour./ Avec plusieurs Epistres, Elegies, & Di-/ zains au propos que dessus. / A Paris./ Par Annet Briere, à l'enseigne sainct/ Sebastian rue des Porées./ 1556. *Arsenal

8° S4790 et 8 S4791 (2e exemplaire). Bibl. de Munich, Ph. Pr. 608. Bibl. de Lyon 11474 a.25.

*1568 - M8
Le/ Mespris de/ la Court, avec /la vie rusti-/ que./ Nouvellement traduict d'Espai-/gnol en Françoys/ L'amye de Court/ La parfaicte amye/ La contre amye/ L'androgyne de Platon/ L'experience de l'amye de court/ contre la contre amye/ Le nouvel amour./ A Paris/ Par Jean Ruelle le jeune, li-/ braire demourant en la / rue S. Jacques./ 1568. Bibl. Nat. Rés. p. Z. 1237 (il manque les feuillets 171-174) et Microfiches Z. 32348.

*1568 - M8b [Même édition que M8]
Le/ Mespris de/ la Court, avec /la vie rusti-/ que./ Nouvellement traduict d'Espai-/gnol en Françoys/ L'amye de Court/ La parfaicte amye/ La contre amye/ L'androgyne de Platon/ L'experience de l'amye de court/ contre la contre amye/ Le nouvel amour./ A Paris, pour Robert le Mangnier, 1568. Arsenal 8° S4792.

GÉNÉALOGIE DES ÉDITIONS[1]

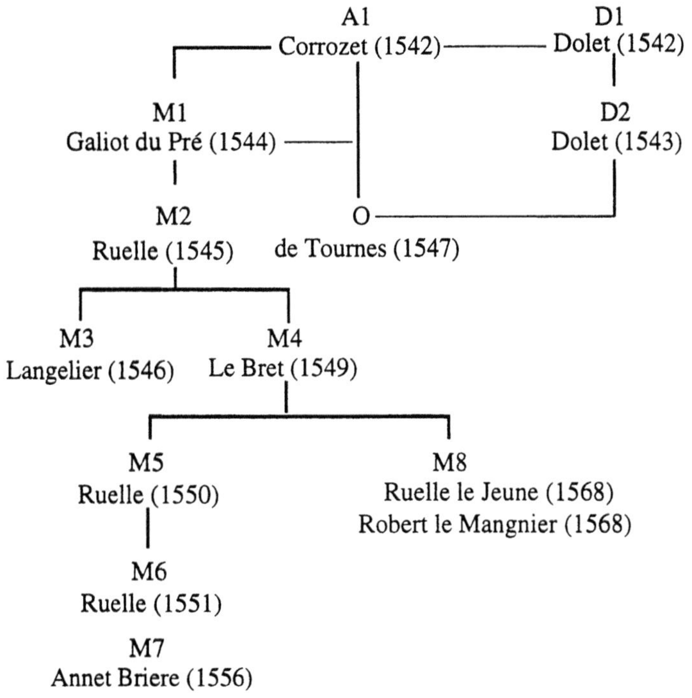

[1] Pour les éditions du *Mespris de la Court*, nous empruntons son modèle à F. Gohin. Cependant, à l'examen apparaissent plusieurs correspondances entre l'édition de Dolet, celle de J. de Tournes et les éditions subséquentes du *Mespris*.

CHRONOLOGIE

1507 ou 1515: Naissance de Bertrand de La Borderie. Le seul membre connu de sa famille est Jean de La Forest.
1525-1530: La Borderie est page de l'écurie du roi.
1530: Mise hors de page.
1534: La Borderie est mentionné comme son disciple par Clément Marot.
1537-1538: Mission auprès de Jean de la Forest et de Marillac. Voyage de Constantinople.
1540: valet de chambre du roi.
1542: *L'Amie de Court* et le *Discours du Voyage de Constantinople*
1544: *L'Amitié de Tite et Gisippe*
1546: La Borderie obtient la charge de pannetier royal.
155...: La date exacte de sa mort est inconnue

Je remercie Christian Barataud qui est à l'origine de ce travail et qui m'a généreusement aidée de ses conseils.

L'Amie de court

INVENTÉE PAR LE

SEIGNEUR DE BORDERIE

On les vend à Paris en la rue neufve nostre dame, es bouticques de Denys Janot & Vincent Sertenas libraires.

Avec Privilege pour deux ans.
1542

Il est permis à Gilles Corrozet libraire de vendre ce petit traicté: Et deffenses à tous aultres libraires & imprimeurs , ne le vendre jusques à deux ans, sur peine de confiscation desdictz livres & d'amende arbitraire, comme plus à plain est contenu en son privilege. Faict le ix. jour de Mars. M.D.X.L.I. Ainsi signé.

I. I. De Mesmes.

Je m'esbais* de tant de folz espritz[1]
Se complaignant d'Amour estre surpris,[2]
De tant de voix piteuses* & dolentes*
Qui plaincte font des peines violentes
Qu'ung dieu d'aymer* (comme ilz disent) leur cause:
Je ne scaurois bien entendre la cause
De ceste peine, encores moins scavoir
Quel est en eulx de ce dieu le povoir:
Quel est son arc qui faict si grandes breches,
Ny de quel bois peuvent estre ses fleches.
Je ne l'ay point ny pour archer cogneu,
Ny pour enfant qui soit aveugle ou nud / [a ij]
Et de sentir ne fuz oncques* subjecte
S'il brusle en flamme ou s'il blesse en sagette*,
Je croy le tout n'estre que poesie,
Ou pour mieulx dire humaine frenaisie,
Qui la nature enchante* soubz couleur

---

1. esbahis *D O M8*/ faulx espritz *M2 M4 M5 M7 M8* – 2. [:] *D M5 M7*/ [.] *M4 M8* – 4. plaintes *M4 M5 M7 M8* – 5. Dieu *D O M8* – 8. Dieu *D M5 M7 M8*/ pouvoir *D M4 M5 M7 M8* – *11. *alinéa *D*/ archier *D* – 14. [.] *D O M5* – *15. *alinéa *D* – 16. (pour mieulx dire) *D*/ [ou, à mieulx dire,] *M2 M4 M5 M7 M8*/ ou à mieulx dire *M4*

---

[1] Vers 1-56: Prologue. Les éditions de la famille *M* donnent la variante «faulx espritz», cas semblable à celui de l'expression «fol cuider», devenu «faulx cuider» dans la fable de Marguerite de Navarre.

[2] Surpris: ce mot fait appel au thème de la «surprise d'amour», fréquent dans la tradition poétique de Virgile aux poètes courtois, puis de Pétrarque à Ronsard. Thème privilégié dans la philosophie de l'amour de Marsile Ficin, l'*innamoramento* fait l'objet, au XVIe siècle, d'analyses poussées qui composent une véritable épistémologie du «coup de foudre». Cf J.-C. Carron, *op. cit.*, p. 33-46.

De deité de frivole valeur.[1]
Or donc ce mal qu'on treuve tant amer
Le nomme dieu qui le vouldra nommer.
J'appelleray telle divinité
Plustost folie ou infelicité*,
Pour tous ceulx la qui s'en laissent saisir*,
Et pour moy seule aggreable plaisir:
Qui scay tresbien comme il la fault conduire[2]
Et son tourment en liesse reduire.[3]
Et pren le cas qu'il le faille dieu croire:
J'estime la mon trophée & ma gloire /

---

*19. *alinéa *D*/ trouve *O M5 M7 M8* – 20. Dieu *D M2 O M4 M5 M7*/ [:] *D* – 23. [là ,] *D*/ ceux là *O*/ là *M5* – *27. *alinéa *D*/ prends *D*/ prend *O*/ Dieu *D O M4 M5 M7 M8*/ [,] *M5 M7* - 28. là *D O M5 M7*

---

[1] L'interprétation des attributs d'Eros/Cupido est un *topos* de la poésie amoureuse depuis Ovide, mais elle se trouve déjà dans le discours d'Agathon dans *Le Banquet* (195 sq). Le sujet sera remis à l'honneur dans les académies italiennes à la Renaissance (J. Seznec, *La Survivance des dieux antiques,* p. 95). La Borderie pouvait puiser à diverses sources, la plus proche étant *Le Chant de l'Amour fugitif* de Clément Marot, dans lequel Vénus décrit son fils disparu afin qu'on le retrouve plus facilement. Dans le cas présent, le prétexte du portrait est, pour l'Amie, de défier le dieu en niant sa puissance. Le *topos* sera en fait récupéré au cours du poème, et mis au service d'une nouvelle conception de l'amour. Ce renversement s'amorce aux vers 31-45, où l'Amie fait une concession à la convention pour pousser davantage son réquisitoire contre «folle amour», et s'achève dans l'épilogue (vers 863-888), où elle compose son portrait de «l'amour parfait» en contrepoint de l'image habituelle de Cupido.

[2] La maîtrise des passions, la connaissance de soi peuvent produire le «fol cuider», c'est-à-dire une trop grande confiance en soi. L'Amie l'ignore parce qu'elle est trop jeune. Le comique du poème repose sur le décalage entre l'assurance qu'elle affiche et la vision que le lecteur a des dangers qui la guettent et des contradictions où elle s'enferme.

[3] La jeunesse est la saison des jeux et des amours, tandis que le tourment amoureux est le lot de la maturité et que la vieillesse ne connaît plus ni les plaisirs ni les peines de l'amour. L'insensibilité dont se targue l'Amie n'est peut-être qu'une illusion provenant de son inexpérience: pourquoi ne serait-elle pas elle aussi victime de l'amour, qui frappe sa proie quand elle s'y attend le moins?

De povoir vaincre estant femme mortelle
Par artifice une deité telle.
S'il est volant, je scay le filé tendre
Pour tel oyseau attraper & surprendre.
Et s'il a l'oeil bendé je le desbende,
Et luy faitz voir parmy toute sa bende
Que je suis seule exempte de ses armes[1]
Que je ne crains ses assaulx ny alarmes.
Ou s'il se joue ung peu trop rudement
Comme ung garson privé d'entendement,[2]
Ma vertu peut à l'heure commander
Je le chastie, & luy fais amander*
Envers moy seule une faulte infinie
Qu'il a commis en mainte compaignie.[3]
Il ne peult tant desguiser sa nature
Pour m'assaillir, que je n'aye ouverture* / [a iij]
De promptement ailleurs le divertir,
Dont je veulx bien dames vous advertir
Que si voulez ensuyvre ma doctrine
Vous trouverez utile medecine

---

29. pouvoir *D O M5 M8* – *31. *alinéa *D* – 36. assaux ne alarmes *O*/ assaulx & alarmes *M4 M5 M7*/ assaults & *M8*/ [:] *M5* – 39. [:] *D M5 M7* - 42. commise *D*/ compagnie *M8* – *43. *alinéa *D* – 45. [.] *O*/ [:] *M7* – *46. *alinéa *D*/ Donc *O*

---

[1] vers 35: «je suis seule à n'être point touchée par lui », c'est-à-dire par l'Amour.

[2] La concession faite à la tradition entame la récupération du motif du portrait de Cupido. Par ailleurs, en représentant le dieu ailé pris au filet comme un oiseau ou les yeux bandés comme dans le jeu de colin-maillard, *l'insouciance juvénile* se trouve posée comme isotopie du texte.

[3] Seule l'édition de Dolet met le participe passé «commis» au féminin. Disciple de Marot, La Borderie pouvait-il se permettre un tel écart? La liaison étant obligatoire à l'intérieur du vers, la lecture orale fait entendre un féminin.

A ce grief* mal qui voz pensées poingt*,[1]
Assez de joye & de tristesse point:
Dont voz clameurs, voz regretz, & complainctes
Seront ainsi que les miennes estainctes.
Escoutez donc, je vous reciteray
Ce que j'ay faict, que je fais, & feray,
Et si trouvez louable mon histoire
Au ciel en soit & non à moy la gloire.[2]
   Je commencois des ma jeunesse tendre[3]
Au foible esprit ja preveoir & entendre
Que l'honneur grand & digne authorité
Estoient en terre une felicité:
Et que des grands estre favorisée /
Est une chose en ce monde prisée.
Je concevois dedans ma petitesse
Que pour attaindre à si grande haultesse
Beaucoup la grace & la beaulté faisoient,

49. [:] *D* – 50. [.] *D* - *53. *alinéa *D*/ [donc :] *D* – 54. [:] *D O* – 58. En foyble *D*

1 vers 49: «à cette grave maladie qui tourmente vos pensées.»

2 Même souci d'apaiser les angoisses des jeunes filles dans le monologue d'Alberti, *Hécatomphile*: "Voyant en chascune de vous (vertueuses & belles filles) plusieurs indices de courage opprimé par sollicitudes & griefves cures amoureuses, il me semble que je feray office de clemence humaine, si par doctrine profitable les rends faciles et legieres." p. 3. Et un peu plus loin: "lors sçaurez vostre temps passer aymant en plaisir infiny, sans que deviez doubter ou craindre qu'aucun malheureux accident vous puisse en Amours advenir." p. 5. Par cet aspect les deux «inventions», celle d'Alberti et celle de La Borderie, tiennent un peu du «remède à l'amour». Cf C. Marot, *Epistre à son amy abhorrant folle amour. Oeuvres poétiques* (éd. par G. Defaux), II, p. 153-56, poème antérieur d'une année à peine à *L'Amie de court.*

3 Premier développement, vers 57-100: comme Hécatomphile, l'Amie va raconter son «expérience». Les héroïnes des poèmes de Ch. Fontaine et A. Héroet feront de même.

D'autant que plus qu'aultre chose plaisoient[1]
De quoy j'estoys suffisamment douée
Par la nature, & desja mieulx louée
Des yeulx d'aultruy, que le foible merite
Ne s'estendoit de ma forme petite.[2]
Dieu scait aussi si lors prompte j'estoys
Croire le loz* que de moy j'escoutoys:
L'on m'en povoit tant dire que mon aage
Ne cuidast* bien en avoir d'avantaige.[3]
Je mectoys peine à porter proprement
Mes blondz cheveulx & mon accoustrement,
A posement conduire mes yeulx verdz /
Pleins de doulceur, ny peu ny trop ouvers.
A augmenter une grace asseurée,
Une parolle humaine & mesurée,[4]

---

66. [:] *D*/ [,] *O M5 M7* - *71. *alinea *D O* – 72. les loz *M4 M5 M7 M8* – 73. n'en *D M1 O M4 M5 M7 M8*/ pouvoit *D O M7 M8* – 74. d'advantage *D*/ d'avantage *M2 O M4 M5 M7 M8*/ [:]*D*/ [,] *O* – 75. mettois *M2 O M4 M5 M8* – 76. [:] *D*/ [.] *O*/ [absence de ponctuation] *M8* – 78. ne ne *D O*/ [:] *D*/ [,] *M4 M5 M8*/ pas de ponctuation *M2*

---

1 Il faut sans doute adopter ici la ponctuation de *D*.

2 "louee des yeulx d'aultruy": l'Amie trouve confirmation de sa beauté dans les regards flatteurs des hommes. En fait, toute sa personnalité est déterminée par son entourage et par le désir d'être remarquée. Elle se fait l'écho des idées à la mode, surtout de celles qui sont nouvelles ou bouleversent les règles de conduite traditionnelles.

3 vers 73: «on ne m'en disait jamais autant que je ne croyais en mériter.» Toutes les éditions corrigent en ce sens.

4 L'Amie applique les conseils que, depuis Ovide, l'on trouve dans tous les «arts d'aimer». A remarquer les principes de bon maintien qui touchent les yeux – mi-ouverts – et la parole "humaine & mesuree", c'est-à-dire sans exclamation, les éclats de voix étant signes de vulgarité.

En divisant avecques mes semblables
Adolescens honnestes & aymables.[1]
Vray est que lors je n'avois point d'envie
D'estre priee, & moins d'estre servie.
Je ne scavois si priere & service[2]
(Comme je scay) estoient vertu ou vice.
Mais ma beaulté qui creut en tresgrand pris
En peu de temps me l'eut assez apris.[3]
Sur les quinze ans le corps plaisant à veoir
Fut consummé, & l'esprit de scavoir.
Tant que devint ma grand perfection
Le seul object de mainte affection. /
Gaignant les cueurs d'une grand multitude
De serviteurs qui mettent leur estude
Chascun pour soy d'avoir ma bonne grace.
Je retiens tout, & personne ne chasse,
Fondant ma gloire & louange estimée

---

81. devisant *D O* – 82. Adolescents *D M8*/ amyables *M1 M2 M4 M5 M7 M8*/ [,] *D* – *83. *alinéa *D*88. appris *D M5 M7*– *89. *alinéa *D* – 90. [:] *D O* – 91. profection *M1 M2 M4 M8* – 92. [,] *O* – *96. *alinéa *D*

---

1 Vers 67-82: tout ce passage imite le début de *Fiammette* de Boccace: "E come la mia persona negli anni trapassati crescea, cosí le mie bellezze, de' miei mali speciale cagione, multiplicavano. Ohimè, che io, ancora che picciola fossi, udendole a molti lodare, me ne gloriava, e loro con sollecitudini e arti faceva maggiori." (p. 5-6) Mais tandis que Fiammette blâme sa beauté d'avoir causé son malheur, l'Amie se flatte de savoir s'en servir pour "gagner les cœurs" en attendant de trouver un mari.

2 service: dans l'idéologie courtoise, puis dans la poésie amoureuse, ce mot désigne le consentement de l'amant à sacrifier son désir pour honorer sa dame. C'est par le service que l'amour devient «courtois» et l'amant vertueux.

3 Sont-ils vertu ou vice? Nous ne le saurons pas, au contraire de l'Amie qui, elle, prétend le savoir. Il y a peut-être ici une allusion à l'idée platonicienne que l'expérience seule révèle le caractère positif ou négatif des coutumes. Voir *Banquet*, 182 a–d.

Sans aymer nul, estre de tous aymée,
Qui est le point de mon enseignement.[1]
Oyez amans icy soigneusement [2]
Si ma santé cognoist la maladie
De vostre fiebvre ardante & estourdie.
Si j'ay en moy de vous experience*[3]
D'une fureur pleine d'impatience,
Qui vous agite & faict en froid yver
Aspre chaleur en voz cueurs arriver:
Je me ressoulz armer le mien de sorte [4]
Que pour le prendre une puissance forte / [b]
Foible sera, car mon cueur de soy maistre
Cognoist l'Amour sans le vouloir cognoistre,
Il scait comment le gracieux tyrant
En son fainct* rire est tousjours martirant,
Comme cachez soubz sa grande beaulté
Son[t] faulx semblant & doulce cruaulté:

---

98. [:] *D* – *100. *alinéa *D*/ amants *D M8*/ songneusement *O M4 M5 M7 M8* – 101. congnoit *O*/ congnoist *DM4 M5 M7 M8* – 102. [:] *D*/ [,]*O*/ [?] *M7* – 107. [le mien ,] *O* – 110. congnoist congnoistre *D O M4 M7 M8*/ [.] *D O M5 M7* – *111. *alinéa *D* – 112. feint *O*/ [:] *D* – 113. la *M8* – 114. Sont *D O*/ [.] *M4 M5*

---

[1] Fin du récit de ses débuts dans le monde par l'Amie, avec la morale qui s'en dégage: il faut chercher à se faire aimer sans aimer soi-même. Voir aussi ci-dessous vers 272.

[2] Début du deuxième mouvement (vers 100-270), dans lequel l'Amie décrit sa résistance à l'amour comme une guerre. Le langage allégorique semble avoir plus de légitimité à ses yeux que les figures de la poésie moderne. *Le Songe* d'Hélisenne de Crenne (1541) a pu servir de modèle. L'Amie finira néanmoins par répudier aussi ce langage «par paraboles». Selon R. D. Cottrell, (art. cit.), le poème substitue au discours érotique un discours «antérotique» imprégné d'évangélisme.

[3] Si j'ay en moy de vous experience/ D'une fureur...: si je ressens à cause de vous une fureur...

[4] La ponctuation de *O* (virgule après «mien») accentue la relation de conséquence entre les deux propositions.

Comme il usurpe* en tous corps qu'il tourmente
Le grand repos dont l'esprit se contente,[1]
Que je ne veulx perdre pour tout le monde:
Car qui croira la lyesse profunde
Dont le mien[2] sent heureux contentement
Impossible est la dire entierement.
En quel plaisir cuidez vous que se baigne
La liberté de ma vie compaigne, /
De se veoir seule entre cent coustumiere
De Cupido n'estre point prisonniere?
Et si l'on veult appertement* entendre
Ce que je faiz pour garder de me prendre,[3]
Et comment peult tousjours vivre mon cueur
De moy, de soy, & de l'amour vainqueur.
Je l'ay logé en si forte maison,[4]

---

118. liesse *M8*/ profonde *D O M8* – 119. [?] *D* – 121. plaisirs *D* – *125.*alinéa *D* – 126. mesprendre *D O* – 128. [,]*D*

---

1 se contente: tire son contentement. L'Amie emploie fréquemment le mot dans le sens qu'il a chez Léon Hébreu, qui oppose la paix de l'esprit, apportée par le contentement à l'agitation qui dérive de la cupidité.

2 le mien: mon esprit.

3 *D* et *O* donnent «mesprendre», à interpréter sans doute comme «m'éprendre», plus élégant que «me prendre».

4 Du vers 129 au vers 260, l'allégorie domine le discours. Les grandes figures du *Roman de la Rose* défilent dans la représentation de la lutte que mène l'Amie pour la défense de son cœur et de son honneur. Nous avons signalé l'emploi de ce langage chez Hélisenne de Crenne; nous le retrouvons aussi chez Pernette du Guillet. Voir appendice II, 1. R. D. Cottrell (art. cit., p. 132-133) explique le recours à l'expression allégorique comme une première solution au problème, soulevé dès les premiers vers, de la fausseté du langage poétique. Selon ce critique, l'Amie montre pendant tout son discours de la méfiance à l'égard de la parole humaine, ce qui la conduira ensuite à rejeter l'allégorie puis à souhaiter le silence total. Cottrell s'appuie sur ce rejet du discours humain à propos de l'amour pour situer le poème dans la même perspective évangélique que *L'Heptaméron*.

Je l'ay muny de telle garnison,
Que l'ennemy ne luy peult faire offense:
En une tour d'invincible deffense
Fermeté dicte, est mon cueur resident,
Duquel honneur est chef & president,
Accompaigné de Crainte & d'Innocence,
Pour resister contre Concupiscence,
Laquelle s'est avec Amour rengée:
Et ont mon cueur & sa place assiegée, / [b ij]
En luy faisant infinité d'allarmes,
De feux legiers tresdangereuses armes,
De traictz poignans, de flesches & de dardz,
Dont sont muniz Amour & ses souldars*.
Mais moy qui suis armée de constance
Fay aisément à leurs coups resistance,[1]
Voulant plustost mourir en ce destour*
Que laisser prendre une si forte tour,
Dedans laquelle entrez sont Chasteté
Foy*, Temperance, & pure Honnesteté,
Avec leurs gens, equippez de tel sorte
Que joincte à eulx je ne suis que trop forte,
Pour soustenir non ung siege de Troye:
Mais cent mil ans sans estre à l'Amour proye.[2]

---

131. [.] *D O* – *132. *alinéa *D*/ defense *D O M5 M7* – 133. [:] *D* – 134. Honneur *O* – 135. Accompagné *M8* – 136. concupiscence *D M2 M4 M5 M7 M8* – 137. amour *D M1 M2 M4 M5 M7 M8*/ [,] *M7* – 139. alarmes *D M2 O M4 M5 M8* – 140. legers *O M7*/ (tresdangereuses armes) *D* – 141. Des *M4 M5 M8* – 142. munis *D* – 144. Fays *D M7*/ à leurs corps *M1 M2 M4 M8* – 147. chasteté *M2 M4 M5 M7 M8* – 148. temperance honnesteté *M2 M4 M5 M7 M8* – 149. tel' *D O*/ telle *M4* – 152. mil' *D O*/ mille *M7 M8*

---

[1] La graphie «fays» que proposent *D* et *M7* évite l'hiatus.

[2] Hyperbole d'autant plus charmante qu'elle sera démentie bientôt, l'Amie se disant prête à aimer à la fin de son discours.

Raison aussi met [là] telle police /
Que l'ennemy ny toute sa malice
Forcer ne peult le guet qu'elle a assis:
Au boullevart appellé Sens rassis:
Ou sont Prudence, Entendement, Memoire,
Soing, Esprit, esquelz tout est notoire,[1]
Et de scavoir leur est tousjours permis,
Ce qui se faict au camp des ennemys:
Desquelz Amour souverain conducteur
Par faulx semblant[2] ce traistre seducteur
M'a plusieurs fois faict dire & remonstrer
Que si voulois luy permettre d'entrer
Il me rendroit heureuse & fortunée,
La plus qui soit en ce monde icy née:
Mais il a beau à moy parlamenter.
Plus il me prie ou se veult lamenter,
Moins l'escoutant j'ay povoir de l'ouyr,
Ou si je l'oy je le fais tost fuyr, / [b iij]
Ne voulant point de composition,
Digne de honte & de punition.
N'espere aulcun jamais ma place prendre
De dieu la tiens, à dieu seul la veulx rendre.

---

*153. *alinéa *D*/ là *D M2 O M4 M5 M7 M8* – 154. ne *O* – 155. [absence de ponctuation finale] *D O* – 156. sens *M4 M8* – 157. prudence *M1* – 158. Esperit *D M2 O M4 M5 M7 M8* – 162. Faulx *D* – 167. parlementer *D O M5 M7 M8*/ [,] *D O* – 169. pouvoir *D O M7 M8*/ [:] *D* – 170. [.] *M4 M5 M7 M8* – 171. N'y *D*/ absence de virgule finale *D* – 173. *alinéa *D*/ [:] *D*/ [,] *O M5 M7* – 174. Dieu Dieu *D O M4 M5 M7 M*

---

1 La plupart des éditions corrigent ce vers boiteux en ajoutant une syllabe à «esprit».

2 Faulx semblant est un personnage de roman allégorique qui désigne soit le Séducteur lui-même, soit les moyens fallacieux (les serments et les promesses) par lesquels l'amoureux cherche à vaincre la résistance de sa dame.

J'ay promis foy à son celeste empire[1]
Ne le changer pour meilleur ne pour pire.
Pour ung meilleur ne puis je nullement:
De m'abaisser seroit faict follement.
Oultre frustrer son seigneur de l'hommaige
Il en advient vitupere & dommaige.[2]
Telle response on m'entend resumer
Toutes les foys qu'Amour me faict sommer.
Et si bien tost son trompette* ne part
Je le fay bien vuyder loing du rampart,
Dont Amour creve, & de despit enraige.
Et sans Espoir qui luy donne couraige /
Maintesfois eut le siege habandonné
Tant mes refuz le rendent estonné:
Avecques ce que Tourment & Soucy
Luy conseilloient le debvoir faire ainsi.
Mais doulx Espoir pour tarder* sa retraicte[3]
Luy dit, Attendz que Volupté te traicte
Elle viendra apres plusieurs ennuys
Te presenter maintes heureuses nuictz.

---

175. Empire *D* – 179. [Oultre :] *D/* [Oultre ,] *O/* Seigneur *D/* hommage *M1 M2 O M4 M5 M7 M8* – 180. dommage *M1 M2 O M4 M5 M7 M8* – *181. *alinéa *D* – 182. [:] *D* – 184. rempart *M2 M5 M7* – 185. Donc *M1 M2 O M4 M5 M7 M8/* enrage *O M4 M5 M7 M8/* [,] *D/* [absence de point final] *M2 M4* – 186. courage *M1 M2 O M4 M5 M7 M8* – 187. eust *D O/* abandonné *D O M7* – 190. [:] *M5 M7/* [,] *M4 M8* – 192. [attends,] [:] *D/* [,] *O M5 M7*

---

1 J'ay promis foy à son celeste empire: il s'agit de la foi en la vie éternelle, liée à la vertu de chasteté, c'est-à-dire à l'honneur pour la femme. L'Amie précisera sa pensée sur ce sujet aux vers 353-355.

2 Nous avons ici un exemple de cette nouvelle «religion» de l'honneur féminin qui ravive l'idéal courtois au XVIe siècle en le conjuguant au platonisme. Cf I. Maclean, *The Renaissance Notion of Woman*, Cambridge, Cambridge University Press, 1980.

3 L'espoir et le temps entretiennent les amoureux dans l'illusion d'une victoire prochaine.

Suy seulement ta premiere entreprise:
Car si ta dame en son fort est surprise
La saisissant tu te pourrois saisir
De Volupté, de Joye, & de Plaisir.
Oultre[1] le temps qui plusieurs folz abuse*
Luy donne tout & riens ne luy refuse.[2]
Il luy promet rendre aisé l'impossible
Le faulx certain, immortel le passible*,
Et qu'il ne fault pour tous biens averer /
Qu'ung jour heureux qui scait perseverer,[3]
Voila pourquoy jamais on ne desiste
De m'assaillir quand plus fort je resiste,[4]
J'ay toutesfois si seure intelligence,
Des ennemys & de leur diligence,
Que puis[5] le temps de ceste guerre experte
J'ay tiray d'eulx plus de gaing que de perte.

---

195. entreprinse *M1 M2 M4 M5 M7 M8*/ [,] *D* – 196. surprinse *M1 M2 M4 M5 M7 M8* – 199. * alinéa [Oultre :] *D* – 200. rien *M7* – 201. ayse l'impassible *M8* / [,] *D O M5* – 202. [.] *M4 M5 M7 M8* – 204. [.] *D O M5* – 206. [:] *M1 M2 M4 M5 M7 M8*/ [.] *D O* – *207. *alinéa *D*/ [absence de virgule à la fin du vers] *D M2 O* – 210. tiré *D O M4 M5 M7 M8*

---

1 «Oultre» a ici une valeur adverbiale («de plus») et non conjonctive, comme l'indique la ponctuation de *D*.

2 Dans *L'Abuzé en court*, récit dramatique du milieu du XVe siècle, le Temps fait partie de la stratégie d'Abuz et de Folcuider. Cf *L'Abuzé en court* (Edition critique par Roger Dubuis. Paris–Genève, Librairie Droz, 1973), p. 44: "C'est le Temps aprés qui on muse; / C'est le Temps qui plusieurs abuse."

3 qui scait perseverer: à qui sait persévérer.

4 Les vers 185 à 206 portent sur le rôle de l'espérance dans le «jeu des échecs amoureux» que l'Amie impose à ses soupirants: si la folle espérance ne les soutenait pas, les jeunes gens capituleraient, Raison triompherait et le désir s'éteindrait de lui-même. Mais le seul fantasme du désir comblé ravive le désir et provoque de nouveaux assauts.

5 puis: depuis.

Si tost qu'ilz font deliberation
Je le scay par Dissimulation,
Femme de sens & de gentil scavoir,
En temps & lieu il la faict bon avoir,
Jacoit* qu'aulcuns la blasment grandement,
En l'appellant fraulde* d'entendement:
Si fault il croire aux apparens indices*
Qu'elle nous a faict tant de benefices /
Que plusieurs sont, furent, seront par elle
Gardez de honte & de mort corporelle.[1]
La blasme donc qui la vouldra blasmer,
Je ne scaurois me garder de l'aymer.
C'est celle la de qui plus je me sers,
Dont plus suis libre, & plus gaigne de serfz*.[2]
Elle me sert en tous cas necessaires,
Tantost d'espie* envers mes adversaires,[3]
Ou elle scait si bien se desguiser
Qu'on ne la peult sentir ny adviser.
Tantost de caute* & soigneuse servante,

---

*211. *alinéa *D* – 212. [.] *M7* – 213. [:] *D* – 214. [.] *M4 M5 M7 M8* – 217. apparents *D* – *221. *alinéa *D* – 223. [là ,] *D* – 228. ne *O*/ [:] *D* - 229. songneuse *D O M7*/ soingneuse *M5*

---

1 Cet éloge de la dissimulation a beaucoup contribué à la mauvaise réputation de l'Amie de court. Pourtant, il est bien difficile de départager cynisme, réalisme et naïveté dans ses propos. R. D. Cottrell (art. cit., p. 121-124) fait justement remarquer que dans la morale de l'époque, l'honneur féminin exige la discrétion et même la dissimulation, étant en ceci inverse et complémentaire de l'honneur masculin, qui nécessite la publication des succès.

2 Au contraire, Hécatomphile explique aux jeunes filles qu'entretenir plusieurs amants rend une femme esclave et la met souvent dans des situations embarrassantes.

3 Vers 224-226: rimes «équivoques» à la manière des Rhétoriqueurs et de Marot.

En la maison que je suis observante,[1]
Fortifiant deffenses & rampars
Pour soustenir l'assault de toutes pars.
Aulcunesfois elle vient à mes yeulx,
Ou d'un regard mortel & gracieulx /[2] [c]
Tire maintz coups, car c'est l'artillerie
De quoy je faitz en tous cueurs batterie*,
Souvent aussi elle sort par la bouche
Quant & la voix, & vient à l'escarmouche*,[3]
[Où] si bien scait consentir & nyer
Qu'en combatant emmeine ung prisonnier.[4]
Il en est peu au monde de pareilles,
Elle va veoir la bresche des oreilles,

---

232. parts *D* – *233. *alinéa *D* – 235. [coups :] *D* – 236. [:] *D O M5 M7* – *241. *alinéa [:] *D*

---

1 En la maison que je suis observante: la maison est la «tour de fermeté» dans laquelle l'Amie a enfermé son cœur; la dissimulation sert dans cette maison que l'Amie surveille (observe), c'est-à-dire sa constance dans le refus d'aimer.

2 regard mortel & gracieulx: oxymore résumant la théorie de la fascination telle que l'expose par exemple G. Corrozet dans *La Diffinition & Perfection d'amour*, publié la même année que *L'Amie de court*: selon cette conception, le «venin» amoureux passe du regard de l'aimé(e) dans le regard de l'amant(e) et pénètre dans le cœur de la victime où il se mêle au sang et imprègne tout le corps de langueur. Imitant un peu gauchement les représentations poétiques de l'amour, l'Amie substitue au registre classique de la chasse celui de la campagne militaire: les regards devenus des canons au lieu de flèches, sont dirigés logistiquement – «je faitz batterie» – sur les cœurs des amants. Mais la métaphore se termine sur une image plus fine et un peu précieuse déjà, la capture d'un prisonnier. Bon exemple de la variété des registres à l'aide desquels La Borderie compose la personnalité de son héroïne.

3 Dissimulation offre un entretien; habilement conduit, l'échange se termine par la défaite de l'amant.

4 En laissant croire qu'elle cèdera, la dame s'attache celui qui «l'attaque». Le transfert de l'allégorie à la préciosité s'effectue par l'analogie de l'amour et de la guerre.

Par la plus foible, ou sont les plus grands doubtes,[1]
Qui n'y mettroit de bien seures escoutes*:
Ordonnant la que chascun debvoir face
Que par les trous l'on ne preigne la place,
Craignant sur tous la diligence experte
D'ung de leurs gens, nommé Langue diserte*,
Qui plusieurs fois a voulu entreprendre /
Ceste advenue assaillir & surprendre.[2]
Bien prevoyant s'il entroit jusqu'au cueur
Estre de luy & du reste vainqueur.
Mais Bon advis, Conseil, & Jugement,
Deffendent la tousjours si saigement,
Que moyennant ceste femme subtile
L'ennemy pris, sa fraulde est inutile.
Voila comment en bien menant ma guerre,
Le mien je garde, & l'aultruy scay conquerre.[3]

---

245. là *D M2 O M4 M5 M8* – 250. [:] *D O*/ [,] *M7* – *253. *alinéa *D* – 254. là *D M2 O M5*/ sagement *D O M5 M7* – *257. * alinéa *D O*

---

1 la bresche des oreilles: le sens de l'ouïe, la porte de l'entendement. L'oreille constitue en effet une ouverture que l'ennemi peut investir à l'aide de l'éloquence.

2 Selon R. D. Cottrell, "la mention de «Langue Diserte» provoque chez Amye une révulsion telle qu'elle abandonne l'allégorie (...)." (art. cit., p. 133). L'Amie exprime ici moins du dégoût que de la surprise à voir qu'elle reste vulnérable à la maladie de l'amour vulgaire. Elle avoue à quelques reprises qu'elle est sensible aux discours d'un personnage vaguement désigné. Le quantifieur «plusieurs fois» ainsi que le passé composé introduisent l'histoire personnelle au milieu d'un discours allégorique, préparant l'allusion ultérieure à un soupirant éloquent dont l'Amie avoue (vers 564-565) qu'il pourrait vaincre sa résistance. Peut-être même s'agit-il de l'amant parfait, celui dont elle sent que l'amour est «desja presente» (vers 891). Le texte dessine ainsi progressivement la figure du parfait ami au sens platonicien, en remplacement de l'image commune – ou érotique – de l'amant ordinaire.

3 Le mien je garde...: je garde ce qui m'appartient.

Mais pour ne plus parler en parabolles
Et esclarcir l'obscur de mes parolles,
Depuis le temps (dames) que je me hante
Je me cognois, de moy je me contente,[1]
Je me sens forte instruicte & bien aprise
Pour prendre aultruy & n'estre jamais prise:
Pour abreger je ne puis rien aymer / [c ij]
Sinon moy toute encontre Amour armer.[2]
Et si veulx bien que chascun de moy pense
Estre aymé mieulx qu'il n'a de recompense
Et qu'il n'aura, car sa seule pensée
Sera la paye à luy recompensée.
Et la raison qui me donne l'envie [3]
En n'aymant point, aymer d'estre servie,
C'est pour garder que par ung non chailloir*

---

*259. *alinéa *D*/ paraboles *D O M5* – 260. paroles *O* 261. [,] *D O* – 262. congnoys *D*/ congnoy *O*/ congnois *M4 M5 M7 M8* – 263. [apprise ,] *O M5 M7*/ apprise *D M2 M4 M8* / [:] *M4 M8* – 264. [.] *O M5 M8* – *267. *alinéa *D* – 269. [n'aura :] *D* – 273. nonchalloir *D O M7*/ non chaloir *M1*/ nonchaloir*M2 M4 M5 M8*

---

[1] de moy je me contente: je suis satisfaite de ce que je suis. Voir vers 116-119. La connaissance de soi, principe de la sagesse socratique, garantit la liberté et le pouvoir sur autrui. L'Amie répétera souvent ces deux principes qui constituent, depuis le début du siècle, le fondement d'une certaine éthique aristocratique répondant à la pression exercée par le milieu ou par le pouvoir central. Essentiellement, il s'agit de recouvrer l'auto-détermination, c'est-à-dire la liberté. Les mêmes principes sont à la base du *Mespris de la court* d'A. de Guevara, avec lequel *L'Amie de court* a généralement été publié.

[2] Sinon moy toute encontre Amour armer: sinon m'armer tout entière contre l'amour. L'Amie s'identifie plus ouvertement aux déesses hostiles à l'amour, Pallas et surtout Diane.

[3] Vers 271-375: Troisième mouvement. L'Amie développe maintenant le point le plus original de son discours, l'idée que la femme dispose d'un «capital érotique».

Ne perde en moy tout ce qui peult valoir,
Et que si j'ay du ciel quelque present
Il soit tout tel au futur qu'a present:
Car tout ainsi que la vigne fertille
En peu de temps devient seiche & sterille
Quand elle n'est d'aulcun bois appuyée:
Et que de soy soymesmes ennuyée,
Se cognoissant inculte & mise en friche /
Perd fleur & fruict, & toute beaulté riche:
Ainsi la dame à qui nul ne s'adresse,
Qui des amans advisez fuyt la presse
S'anonchallit*, & tant se laisse aller
Qu'il ne luy chault de bien ou mal parler
De decorer le corps ny l'esperit,
Parquoy sa grace en peu de temps perit.
S'il est donc vray que ceulx la qui me servent
En ma beaulté eulx mesmes me conservent,
Pour durer belle il m'est doncques permis
De recouvrer infinité d'amys.[1]

---

274. [:] *O* – 275. Ciel *O* 276. à *M2 O M5* / [.] *D O* – *277. *alinéa *D*/ fertile *D O M5 M7* – 278. seche *M7*/ sterile *D O M5* 281 congnoissant *D O M4 M5 M7 M8* – 284. amants *D M2 M4 M5 M8*/ Amans *O* – 286. [,] *A1b D M1 O M4 M5* – 287. ne *O* – *289. *alinéa *D*/ là *D O* – 290. [:] *O*

---

[1] La parabole de la vigne et sa morale justifiant la coquetterie parodient un passage d'*Hécatomphile* d'Alberti qui recommande la recherche d'un ami unique: "car tout ainsi qu'une lumière fait umbre vraye & naturelle, ainsi plusieurs circomposées dissipent l'ombre & falsifient. Pareillement ung vray amy, ferme, fidelle, & vertueux fera plus resplendir l'amour qu'une cohorte d'importuns." (p. 18). Dans un autre type de discours, le discours religieux, le bois servant d'appui est symbole de la grâce divine qui aide l'individu à bien employer son «franc arbitre». Voir C. Chappuys, *Discours de la Court.* Mais l'Amie n'a pas encore compris le rapport entre la grâce divine et le libre arbitre humain: aussi emploie-t-elle légèrement à contresens l'image du «tuteur», comme ce qui *conserve* et non pas ce qui *redresse* la vigne.

J'ay sceu gaigner ung grand seigneur ou deux
Pour avoir tout ce dont j'ay besoing d'eulx,
Accoustremens, anneaulx, chaynes, dorures, / [c iij]
Nouveaulx habitz & nouvelles parures:[1]
Chascun des deux faveur me portera.
Dieu scait comment mon cueur les traictera
Toutes les fois que l'ung j'entretiendray
Pour amy seul de bouche* le tiendray,
Et non de cueur, car je resoulz ce poinct
D'amys aymez jamais n'en avoir point.
Mais je faindray selon mon asseurance
Doubter en luy une perseverance:
Faisant semblant craindre qu'il me lairra*[2]
Ayant eu ce que jamais il n'aura,
Qui me sera une apparente excuse

---

*293. *alinéa *D*/ Seigneur *O* – 295. Accoustrements doreures *D*/ anneaux, chaines doreures *M1*/ anneaux, chaines, doreures*O* chaisnes *M7*/ chaines *M8* – 296. pareures *D O* – 297. [,] *D* – 298. le *M7*/ [.] *D*/ [,] *O M5* – 306. [:] *D*– 306. [:] *D*

---

1 Le réalisme de l'Amie (les parures aident à se faire valoir) s'oppose à la leçon du *Courtisan* (p. 299) et d'*Hécatomphile*: "Ne suyvez donc l'opinion d'aucunes filles qui presument que toute la grace qu'elles ont pour induire a se faire aymer, consiste en leurs accoustremens: car en verité noz doreures, noz bagues, noz cheveulx tressez, noz artificielz visaiges ne sont les armes invincibles qui nous font triumpher d'Amours." p. 20. Les critiques modernes, choqués par les propos de l'Amie, ont assimilé le personnage à la coquette, voire à la femme-sphynx de l'époque décadente. Pourtant, l'Amie ne cherche ni à ruiner ses amants ni à accumuler les parures: celles-ci ne sont pour elle que des moyens de mener ce qu'elle appelle son «industrie», c'est-à-dire d'augmenter sa valeur sur le marché matrimonial.

2 La stratégie consiste à prétexter que l'amant n'est pas crédible pour se refuser à lui. Dans le code courtois comme dans la conception néo-platonicienne des rapports amoureux, en repoussant les avances de son amant, la dame le contraint à épurer ses sentiments. Evidemment, l'Amie pervertit sans le savoir le sens de ce précepte dans la mesure où elle fait bon accueil à plusieurs prétendants à la fois.

Si le party qu'il pretend je refuse.
Luy sur ce poinct qui demy mort sera
Par ses sermens jamais me laissera,
Nous mentirons tous deux à bien jurer,
Moy de l'aymer, luy de perseverer: /[1]
Car je ne suis si legiere & si folle
D'aymer & croire une fainte parolle,[2]
Scachant la foy plus souvent est jurée,
Et moins elle a aux amans de durée.
J'en cognois trop qui leur foy trop souvent
Le plaisir eu convertissent en vent,
Qui m'est exemple & preuve assez patente
Que je doibs estre en volunté constante.[3]
Et si quelqu'ung icy me veult reprendre

---

*309. *alinéa *D* – 310. De grands serments user ne cessera *D*/ ces *M7*/ [:] *D M5 M7* – *317. *alinéa *D*/ congnoys *D*/ congnoy *O*/ congnois *M4 M5 M7 M8* – 318. [heu ,] [:] *D* – 320. voulenté *O* / volonté *M8* – *321. *alinéa

---

[1] vers 311-312: comme dans les répliques de certaines ingénues de Marivaux, par exemple Sylvia dans *La double inconstance*, la simplicité du langage révèle une singulière alliance d'innocence et de perversité dans le personnage de l'Amie.

[2] vers 313-314: ces vers peuvent se lire de deux manières: soit «je ne suis si legiere & si folle d'aymer/ et croire une fainte parolle», avec le rejet du complément «d'aymer» et par conséquent sa mise en valeur: le refus catégorique d'aimer, thème du discours, se trouve ainsi réitéré à l'occasion d'un développement secondaire; soit «je ne suis si legiere & si folle/ d'aymer & croire une fainte parolle», dont la construction plus faible («aimer une parole») préserve le rythme du distique.

[3] vers 317-320: «Une fois qu'ils ont eu le plaisir, ils oublient la foi jurée»: la crainte du séducteur – personnage promis à un bel avenir dans la littérature – engage les jeunes filles à la prudence, vertu cardinale de l'échange amoureux. En fait, la dialectique amoureuse du système courtois vise à satisfaire un désir masculin (posséder) et un désir féminin (séduire), qui s'annuleraient normalement dans la consommation de l'acte, en différant constamment celui-ci jusqu'à lui substituer à jamais la fascination qu'éprouvent les partenaires l'un pour l'autre. Voir ci-dessous, vers 556 note 1.

Que je ne puis honnestement rien prendre,
Disant que femme en presens recepvant
Au sien donneur se donne ou bien se vend :
Je luy respondz que telle loy fut faicte
Par quelque sotte amoureuse imparfaicte
Qui n'entendoit ou gist le fondement
Du vertueux & saige entendement.
Quant est à moy j'estime grand saigesse /
Ne refuser d'ung prince la largesse:
Et dis que si par liberalité
Le grand seigneur accroist authorité
Qu'il ne la peult pour avoir loz* & fame*,
Mieulx adresser qu'a une honneste femme,
Qui d'accepter ne luy faict moins d'honneur
Que de donner luy a faict le donneur.[1]

---

324. [.] *O* – 328. De *M4 M5 M7 M8* / sage *O M7*/ [:] *M4* – *329. *alinéa *D*/ Quand *M4 M7*/ grand' *D*/ sagesse *D O M4 M5 M7 M8* – 334. à *O M8*

---

[1] L'acceptation ou le refus des présents constitue un thème secondaire de la Querelle des Amyes hérité d'un débat précédent entre Charles Fontaine et Almanque Papillon. Voir R. L. Hawkins, *op. cit.*, chap. 5. Fontaine, qui avait soutenu contre Papillon qu'accepter un présent était tout à fait légitime, fera tenir à sa Contre Amye des propos bien plus sévères contre l'Amie de court. Paul Angier lui répondra, dans des termes plus précis encore que ceux qu'emploie l'Amie, que l'échange de présents est une coutume noble que les roturiers ne peuvent pas comprendre et ne doivent donc pas critiquer. Tel est en effet le sens des vers 333-336: l'acceptation du présent est une condition indispensable de l'éthique du don: la libéralité, qui est une vertu de la noblesse, est confirmée par la confiance que la dame accorde au donneur. Accepter le présent d'un seigneur, c'est donc à la fois lui rendre l'honneur qu'il fait et se montrer honnête soi-même, c'est-à-dire dépourvue d'arrière-pensées. Au contraire, soupçonner une demande de faveur dans l'offre d'un présent, c'est faire injure au donneur en projetant sur lui des motifs déshonnêtes, signe d'une condition inférieure. Sous une apparence anodine, la question des présents tient en fait à un débat plus large sur la liberté des mœurs qui inclut la liberté de la parole et des gestes. Voir ci-dessous, vers 521-558.

Si mes habitz & riches paremens
De ma beaulté honnestes ornemens,
Pour honorer une court excellente
Sont apperceuz de richesse opulente
Estre trop plus que mon povoir ne porte:[1]
Doibt on penser mon industrie* morte
Si je les ay sans la perte des miens,
Sans faire tort à moy ny à mes miens?[2]
Car je veulx bien que l'on scache ce point
Que le desir d'estre si bien en poinct /[3]
Ne me scauroit ceste loy ordonner
Qu'en prenant d'eulx je leur doibve donner:
J'entendz du bien dont je doibs estre avare,
Qui tant en moy est excellent & rare,
Que si donné je l'avoye ou vendu,
Il ne me peult jamais estre rendu.
Seroys je bien de raison tant delivre[4]
Donner l'honneur qui seul me faict revivre
Apres ma mort[5], pour chose si commune

---

*337. *alinéa *D* – 341. pouvoir *D M2 O M4 M5 M7 M8* – 343. [?] *M4 M5 M7 M8* – 344. mes biens *D O* – *345. *alinéa *D* saiche *D*/ sache *M1 M2 M4 O*/ sçache *M7 M8* – *353. *alinéa *D*

---

1 Si mes habits paraissent trop luxueux pour mes moyens.

2 Le sens du vers 343 est équivoque. Le pronom possessif «des miens» peut désigner les parents mais aussi les vêtements. Ainsi faudrait-il comprendre «sans perdre, c'est-à-dire sans déshonorer mes parents» et «sans perdre mes propres vêtements», c'est-à-dire «sans me déshabiller», ce qui revient à la même chose! Au vers suivant, il faut sans doute lire «biens» car «à mes miens» est grammaticalement incorrect. A part *D* et *O*, aucune des autres éditions ne propose de correction.

3 si bien en poinct: si bien mise, si bien parée.

4 de raison tant delivre: tellement privée de raison, si folle.

5 revivre apres ma mort: l'Amie évoque de nouveau la vie éternelle (comme ci-dessus, vers 175 sq) que lui garantit la chasteté, alors que si elle vend son honneur, elle ne compromet pas seulement la réputation de sa famille et la sienne propre, elle perd aussi la récompense qui attend la

Comme est le bien de fragille fortune?
Or & argent & pierres precieuses
Sont icy bas choses si copieuses,
Que l'on en peult recouvrer à foison :
Mais la vertu durant toute saison,
Est ung thresor d'autant plus estimable
Qu'en le perdant il n'est point recou-/vrable. [d]
Or cessent donc de me calumnier
Les mesdisans, qui ne peuvent nyer
Que la vertu s'ilz la scavent comprendre
N'est offensée à donner ny à prendre.
L'honnesteté de ma vie nourrice
Scait que je prens, non point par avarice,
Et qu'il soit vray moymesme en donneroye[1]
Des vestemens, & plus aise seroye
De cest honneur, quand on les porteroit
Que de tous ceulx que l'on me donneroit:
Si ce n'estoit que je puis m'adviser
Que les causeurs[2] en pourroient deviser:
Car je les sens trop enclins à me mordre.

---

356. fragile *D O M5 M7 M8* *363. *alinéa *D* – *367. *alinéa *D* – 368. prends *D*/ [:] *D O* – 369. [vray,] *D O* – 370. [vestements,] *D*

---

chrétienne après la mort. Nous retrouvons ici l'antithèse entre le bien suprême promis par Dieu aux sages et les biens matériels que poursuivent les «folles».

[1] Et qu'il soit vray: formule fréquente dans la rhétorique de l'époque, qui signifie «la preuve en est que». La protestation de l'Amie est aussi rendue par une structure de la langue familière, l'antéposition du pronom «en» par rapport au nom qu'il représente, «vestemens», qui se trouve ainsi annoncé puis mis en relief par le rejet; ce nom annule par ailleurs, par sa généralité, la connotation de luxe attachée aux mots «paremens» et «ornemens» employés plus haut: procédés divers qui visent tous à convaincre le public du peu de cas que l'Amie fait des parures.

[2] les causeurs: après les séducteurs qui cherchent à lui prendre son honneur, l'Amie a un deuxième ennemi, l'opinion. L'argument est courant. Par sa visibilité sociale, la dame de cour alimente la rumeur.

Oultre ce point d'estre trop bien en ordre[1]
Il vont disant que bien souvent sans bande
L'on me voit seule en liberté trop grande
Et quc sans vicillc* allcr je ne debvrois /
Pour mon honneur en tous lieux ou je vois*.
O grands resveurs ilz ne cognoissent pas
Que la vertu me conduict pas à pas:
Qui est ma vieille & ma jeune compaigne
Qui en tous lieux, en tous temps m'accompaigne,
Et que l'honneur tousjours devant mes yeulx
Va le premier, & me guide trop mieulx
Le droict chemim de bien honneste vie
Que si j'estoys de cent vieilles suyvie.[2]
Mais cuident ilz que les gardes soigneuses
Les preschemens de vieilles envieuses,
Les grosses tours, les menasses infames
Puissent garder la volunté des femmes?[3]

---

*376. *alinéa [,] *D* – 377. Ilz *D M2 O M4 M5 M7*/ Ils *M8* – 380. voys *D*/ voye *O* – *381. *alinéa *D*/ [resveurs !] *D O M5 M7*/ congnoissent *D O M4 M5 M7 M8* – 383. compagne *O M7*/ [,]*D O M5* – 384. et tout temps *M5 M7*/ accompagne *O M7 M8* / [:]*D O* – 387. chemin *D M2 O M4 M5 M7 M8* – *389. *alinéa *D*/ songneuses *O M7* – 390. des *D* – 391. menaces *M5 M7* – 392. voulunté *D*/ voulenté *O*/ volonté *M8*

---

1 Trop bien en ordre: trop bien mise. Vers 376-635: Quatrième mouvement, centré sur le thème de la liberté. Cette partie contient un réquisitoire contre l'autorité des hommes en général et contre la jalousie de certains maris.

2 L'Amie plaide en faveur d'une vertu intériorisée et soutenue par la volonté, autrement dit d'une conscience féminine de l'honneur, contre les signes extérieurs de l'honnêteté exigés par la coutume et qui ne servent bien souvent qu'à couvrir des mœurs dissolues. La notion d'honneur féminin s'articule non seulement aux nouvelles exigences religieuses de l'Humanisme mais aussi à l'essor, au début de la période moderne, des concepts d'intériorité et de responsabilité individuelle.

3 Le *topos* de l'enfermement des femmes par les maris jaloux, fréquent dans la littérature occidentale du Moyen Age, continue de faire rccettc au XVIe siècle et sera encore un thème privilégié chez Molière.

La femme doibt par sa seule nature
Estre gardée, & non par prison dure.[1]
Enfermez la quelque part que vouldrez / [d ij]
Il est bien vray que le corps vous tiendrez:
Mais l'esperit en liberté vivra,
Et maulgré nous son naturel suyvra,
Lequel s'il tend à Chasteté louable
La liberté le rend plus immuable.[2]
Ny plus ny moins qu'ung cheval par nature
Fort à tenir, mal aisé d'embouchure
Quand on luy tient la bride trop subjecte
Plus veult courir, plus se lance & se jecte,
Et ne scauriez de luy mieulx vous ayder
Qu'en liberté à plein mors le guider.
Ainsi est il de l'esperit volaige
Qui deviendra plus rebelle & saulvaige,
Quand par ung frein dur & insupportable /
Le cuiderez rendre doulx & traictable.[3]

---

*393. *alinéa *D* – *395. *alinéa *D* – 396. [,] *O* – 398. vous *D O M5 M7*/ [:] *D* – 399. chasteté *O M7 M8* – 401. Ne... ne *D O* – 402. emboucheure *D M1 M2 O M4 M5 M7 M8*/ [,] *D M5 M7* – 404. jette *O* – 406. mords *D*/ mord *O*/ absence de ponctuation finale *M2 M8* – 407. volage *D O M5 M7*/ vollage *M4 M8* – 408. saulvage *D*/ sauvage *O M5 M7 M8*

---

1 Dans l'édition de Dolet, les alinéas donnent aux vers 393-394 la valeur d'une maxime.

2 vers 400: la liberté rend immuable le naturel chaste de celles qui ont élu cette vertu. S'annonce ici le développement des vers 521-578 sur «l'épreuve de chasteté» et le rôle de la volonté. Nous pouvons déjà noter que la volonté est un mot-clé de l'enseignement de l'Amie; mais suit-elle vraiment la doctrine évangélique, comme le veut R. D. Cottrell (art. cit., p. 130)? Elle ne semble pas avoir ni compris ni ressenti le besoin de la grâce divine et n'est encore que volonté à la manière des stoïciens, non à celle des chrétiens.

3 vers 401-410: si la liberté confirme la femme chaste dans sa détermination à la vertu, la privation de liberté incitera au contraire les esprits volages à se rebeller contre les prescriptions morales. La comparaison avec le domptage des chevaux pourrait laisser croire que

Cela provient qu'il est tout manifeste
La liberté estre present celeste,
Que dieu voulut esgallement offrir
A tous vivans, dont ne povons souffrir
Qu'elle nous soit usurpée des hommes
Qui ne sont dieux, ny riens plus que nous sommes.
Car de tollir* ce qu'ilz n'ont point donné
Seroit statut assez mal ordonné,
Plus procedant d'injuste tyrannie
Que d'equité:[1] Or doncques je vous nie
Que l'on nous puisse ung erreur imputer
En tous les poinctz qu'on ma veu disputer.
Et penserois qu'ung doubte scrupuleux
Tant de causeurs que des maris jaleux
Ne vient d'ailleurs que d'une cognoissance / [d iij]

---

*411. *alinéa *D* – 413. Dieu *D O M4 M5 M7 M8* – 414. [vivants:] *D/* pouvons *D O M8* – 416. Dieux ne rien *D O/* rien *M7/* [:] *D O M5 M7/* [,] *M4* – 420. [equité.] *D M8* – 421. à erreur*M5 M7/* en erreur *M4 M8* – 424. des causeurs *D O/* de marys*O/* jaloux *M1 M2 M4 M5 M8* – 425. congnoissance *D O M4 M5 M7 M8*

---

l'Amie plaide pour une juste mesure entre liberté et contrainte totale, mais le développement suivant ne laisse aucun doute sur ses exigences: "La liberté est present celeste" et doit être rendue aux femmes par les hommes qui la leur ont enlevée. Les lecteurs familiers du *Roman de la Rose* pouvaient compléter cet argument, qui fait partie du discours de la Vieille: de la privation de la liberté des femmes procèdent tous les malheurs de la vie conjugale.

[1] Vers 416-420: La présence de ces idées «féministes» dans bon nombre d'œuvres importantes de l'époque, par exemple dans *Le Courtisan* (247) et dans *La Parfaicte Amye* (I, 310-346), permet d'en supposer la diffusion parmi l'élite du début du XVIe siècle. L'Amie est en cela représentative de la dame de cour: libre d'obligations filiales et conjugales, elle prend la défense de la liberté, sur laquelle repose son existence adonnée au plaisir. Ce point de vue s'opposait à celui des juristes qui tendaient à subordonner les droits de la femme à l'autorité du père et du mari. Evelyne Berriot-Salvadore discute cette question dans son étude sur *Les Femmes dans la société française de la Renaissance*, Genève, Droz, 1990.

De nostre force, & de leur impuissance:
Scachans en nous tant de graces louables,
En eulx tant peu de qualitez aymables,
Que maintz servans apres estre chassez
Hors de l'espoir de noz cueurs pourchassez,
Leur grande perte en gaing convertiront,
Et pour couvrir leur faulte mentiront,
Disans avoir pour nous vituperer
Ce que jamais n'oserent esperer.
Et ou de nous ilz n'ont eu que tourment
Se vanteront d'avoir contentement.[1]
Et maintz marys scachans qu'ilz ne meritent
Jouyr de l'heur* que leurs femmes heritent
Bien cognoissans leurs imperfections,
Craindront si fort que les affections /
Des serviteurs aymables & honnestes
Facent sur eulx & sur elles conquestes,
Que cela veult (non point aultre raison)

---

428. amyables *M4 M5 M8* – 431. gain *D* - 433. Disants *D*/ Disant *M1 M2 M4 M5 M7 M8* – *437. *alinéa [sachantz,] *D*/ sachans *O* / sçachant *M4 M5 M8*/ sçachans *M7* – 439. congnoissans *O M7*/ congnoissants *D M5* / congnoissant *M4 M8* – 441. amyables *M4 M8*

---

[1] L'Amie a pu trouver cette idée dans plusieurs des ouvrages à la mode. Par exemple, dans *Le Courtisan*: "Je n'ai jamais connu d'hommes qui aient été priés par des femmes", dit messire Cesare, "mais j'en ai vu de nombreux qui, voyant qu'ils ont fait des tentatives vaines et perdu leur temps sottement, ont recours à cette noble vengeance et disent qu'ils ont eu en abondance ce qu'ils se sont seulement imaginé; et il leur semble que dire du mal et trouver des inventions afin que dans le vulgaire se répandent des contes infâmes sur quelque noble dame, appartient à la courtisanerie" (p. 278). Autant que le séducteur, l'amant vulgaire menace la dame dans la dialectique du désir: tomber sur un amant de cette sorte risque de ternir à jamais sa réputation. Hécatomphile avertit elle aussi les jeunes filles de ce danger, leur conseillant de prendre un amant dans la quarantaine parce qu'il sera plus discret. Ces exemples illustrent le conflit latent entre l'honneur masculin et l'honneur féminin: chacun n'existe que par ce qui détruit l'autre, la divulgation pour l'un, le secret pour l'autre.

Plusieurs vouloir leur femme en leur maison.[1]
Et s'il ya quelque honneste assemblée
Ilz la vouldront retirer à l'emblée
Par signes d'yeulx, par courroux ou menasses.[2]
O gens qui n'ont eu eulx ny sens ny graces
Je me complainctz* d'ung erreur de nature,
Puis qu'en faisant l'humaine creature
Elle voulut nostre povoir ravir,
Et à celluy des hommes l'asservir.
Que ne feit elle au moins distinction
Entre le vice & la perfection :
En exceptant toutes dames honnestes
Du traictement des lourdaulx & des / bestes.
Et leur donnant plustost commandement
Sur tous marys de gros entendement ?
Car je n'y voy raison ny apparence
Que la vertu soit serve d'ignorance.
Le plus grand mal qui nous peult advenir

---

444. vouloient *M1 M2 M4 M5 M8*/ voloient *M7* – *445. *alinéa *D* - 447. d'eulx *M4 M5 M7 M8*/ menaces *D M5 M7*/ [:] *O* – 448. en eulx *D M1 M2 M4 M5 M7*/ en eux *O M8*/ ne... ne *D O*/ [!] *D O M5 M7* – *449. *alinéa *D*/ complains *D O M5 M7*/ une *D*/ un *M1 M2 O M4 M5 M7 M8*/ Nature *O* – 451. pouvoir *D O M5 M7 M8* – 452. celuy *O M4 M5 M7 M8* / [,] *D M4 M5 M7 M8* – 453. fist *M7* – 455. Dames *O* – 456. [,] *D O M5 M7* – 458. [.] *M7* – 459. ne *D*

---

1 Vers 443-444: ces deux vers, d'une maladresse rare chez La Borderie, semblent indiquer une mauvaise lecture du manuscrit. La correction proposée par les éditions de la famille *M* ne peut pas être retenue.

2 Dans *La Comédie des Quatre Femmes* (1542) de Marguerite de Navarre, la Première Femme Mariée se plaint aussi des méthodes qu'emploie son mari pour l'empêcher de prendre plaisir à la conversation quand elle se trouve en société: "Car s'il m'y voit parler, tout furieux/ Devant les gens fait myne si estrange, / Que force m'est, suyvant les aymez lieux, / Qu'un bon propos en un fascheux je change." (vers 180-195).

(Dames ayez ces motz en souvenir)[1]
C'est de tumber en la main & puissance
De ces fascheulx, qui n'ont la cognoissance
Du traictement que nous debvons attaindre
Pour nourrir paix, & le divorce estaindre:
Avec le[s]quelz liberté asservie
Ne peult trouver conformité de vie,
Et ce qu'avons d'excellent & parfaict
Perd envers eulx son naturel effect:
Car la beaulté à tous aultres plaisante
Avec telz gens ne nous est que nuysante, /
Veu que la grace & doulce courtoisie
Est en leurs cueurs source de jalousie.[2]
Nostre doulceur n'a force ne vigueur
Pour amollir leur severe rigueur.
Rien ne nous vault une raison rendue,
Elle n'est point des bestes entendue:[3]

---

463. tomber *D O M8* – 464. congnoissance *D O M4 M5 M7 M8* – 466. la divorce (ou divorse) *M1 M2 M4 M5 M7 M8* – 467. lesquelz *D M1 M2 O M4 M5 M7 M8* – *475. *alinéa *D* – 476. [:] *M5 M7* – 478. [,] *D*

---

1 S'annonce ici la «vision» développée aux vers 817-844, du mariage avec un fâcheux qui risque de lui échoir. L'Amie ébauche parallèlement dans son discours – que l'on peut considérer comme l'expression de ses fantasmes – les deux figures antithétiques du parfait amant et du mari odieux.

2 Célimène se plaindra des mêmes choses de la part d'Alceste. *Le Misanthrope*, Acte II, scène 1.

3 Rien ne nous sert d'avoir raison, les «bêtes» ne comprennent pas la raison. L'Amie ponctue son discours de réflexions ironiques à propos des hommes qui abusent de leur pouvoir sur les femmes. Le discours renverse un cliché de l'idéologie phallocratique, "les femmes n'entendent pas la raison, ce sont des bêtes", pour l'appliquer aux maris jaloux, à qui est dénié le privilège masculin de l'intelligence. Le discours dit donc en substance, non que tous les hommes sont des «bêtes», mais que les maris jaloux ne méritent pas la supériorité qu'ils s'attribuent parce qu'en refusant d'entendre la raison, ils sont inférieurs à leur femme.

Qui nous vouldront imposer ung silence,
A tous propos user de violence,
Deffendre jeux, festins, tournois & dances
Ung million de tortz & d'arrogances
Nous causera leur bestialité
Qui ne s'accorde à nostre humanité.
O loy pour nous trop austere & fatalle:
Mais ces gros veaulx de nature brutalle,
Ou trouvent ilz que compaignie hanter
Face l'honneur des saiges absenter?[1]
Et que pour pres des grands seigneurs / se joindre [e]
L'honnesteté des dames en soit moindre?
Je leur demande ou sont en evidence
Vertu, Scavoir? ou font ilz residence?
Esse dedans leurs rustiques maisons
Ou l'on n'apprent qu'a paistre les oisons?
Ou à nourrir en leur fascheux mesnaige
Quelque animal autant comme eulx saulvaige?
Certes je scay par vraye experience

---

481. danses *M5*/ [:] *D*/ [,] *O M5 M7* – 485. [!] *D M2 O M5 M7*/ [,] *M4 M8* – *486. *alinéa *D*/ brutaille *M2*/ brutale *D M5 M7* – 487. compagnie *O M8*/ chanter *M7* – 488. sages *M5 M7* – 493. Est ce *D M4 M7*/ Est-ce *M2 O M8*/ devant *M8* – 494. apprend *O* – 495. mesnage *O M5 M7* – 496. sauvage *O M5 M7 M8* – *497. *alinéa *D*

---

[1] Face l'honneur des saiges absenter: fasse partir, disparaître, c'est-à-dire dispense les (femmes) sages de rester honnêtes. Le développement qui suit fait de nouveau appel à l'idéologie aristocratique invoquée à propos des présents. Qui osera soutenir que la cour est un lieu de débauche quand c'est précisément là que se rassemblent les personnes les plus honorables et les plus savantes du royaume? Les questions que pose l'Amie sont en réalité des affirmations qui inversent les arguments de la topique anti-aulique, laquelle oppose généralement les avantages de l'existence «rustique» aux malheurs qui attendent le courtisan: dans le discours de l'Amie, la cour devient le refuge des bonnes mœurs, des valeurs «humaines», intellectuelles et morales, tandis que la «maison», symbole de la vie privée et de la famille dans la mentalité bourgeoise, est assimilée, non seulement à la rusticité, mais encore à la sauvagerie.

Que si Vertu & parfaicte Science
Sont decorans si bas quelques endroictz,
Que c'est autour des princes & des Roys:
Ou bien heureuse est une nourriture
Qui scait pollir toute rude nature,
Ornant les corps de gestes & facons,
Et les espritz de prudentes lecons. /[1]
Vous me direz vous fascheux mesdisans
Que les deduictz* estans la si plaisans,
Les privaultez dont nous voyez user
Pourroient en fin seduire & amuser
Une jeunesse en nous trop voluntaire*:[2]
Mais si vostre art est de point ne se taire,
Et qu'on ne puisse aultre bien vous causer
Fors vous donner matiere de causer,
Je vous feray ung compte qui suffit
Pour enrichir dix ans vostre proffit.
Ouvrir vous veulx chose à vous incogneue
Qui me peult estre une foys advenue,

---

499. ça *D*/ cy *M2 M4 M5 M7 M8* – 501. bienheureuse *O* – 502. polir *D O M5* *505. *alinéa [mesdisants,] *D* – 507. là *D M2 O M4 M5 M7* – 509. vouluntaire *D*/ volontaire *M8* – 514. profit *O M5 M7* – *515. *alinéa *D*/ incongneue *D O M5 M7 M8* – 516. [.] *M8*

---

[1] L'éloge de la cour et, indirectement, du roi fait partie des thèmes à la mode au cours des dernières années du règne de François Ier. L'éloge de l'Amie emprunte les mêmes images que le *Discours de la court* de Claude Chappuys (publié en 1543), insistant sur l'effet moral du mode de vie de la cour sur les mœurs. L'allusion à un contre-discours – aux calomniateurs – se trouve aussi chez Chappuys. L'Amie y réagit de façon très aristocratique, en réduisant l'anti-aulisme à la brutalité. C'est cette opinion que va désigner par la suite le pronom «vous», auquel s'oppose «nous» et «noz», c'est-à-dire elle-même parlant au nom des courtisans.

[2] Vers 506-509: la liberté et les plaisirs de la cour pourraient corrompre les jeunes qui y vivent. La jeunesse est trop «volontaire», c'est-à-dire excessive dans tout ce qu'elle désire et fait.

Pour faire entendre à toutes nations
Qu'il y a plus de moderations
En tous noz faictz, qu'il n'ya de sottise
En vostre langue à mentir trop apprise.[1]
Saincte Diane[2] icy je vous invoque, / [e ij]
En protestant que si l'on me provoque
Reciter cas à femme impertinent,[3]
Que c'est pour rendre en lumiere eminent
Vostre secret,[4] qui me rend resolue
Vivre à jamais pudicque & impolue*:
Et pour monstrer par exemplaire indice
Que le vulgaire en sa sotte malice
Devise plus de ce que moins entend,
Et moins est vray, plus il s'en va vantant.
Je diray donc pour le faire enraiger[5]

---

519. il n'y ha *O*/ il n'y a *D M4* – *521. *alinéa *D*/ Saincte Dame *M5 M7* – 530. [:] *M7* – *531. *alinéa *D*/ enrager *D O M4 M5 M7 M8*

---

[1] L'Amie, devenant soudain hautaine, veut donner une leçon à l'opinion, en lui mettant «plein la vue» de ces libertés que prennent entre eux les gens de cour: le persiflage transparaît dans l'expression "chose à vous incogneue", c'est-à-dire que "vous ne pouvez pas comprendre parce que vous êtes trop rustres même pour l'imaginer."

[2] La jeune fille invoque Diane, déesse rebelle à l'amour et protectrice des vierges, avant d'entreprendre le récit de son «aventure». *M4* et *M7* substituent «Dame» à «Diane», sans doute parce que l'épithète «saincte» ne paraissait pas convenir à une divinité païenne. Cette variante aboutit cependant à placer sous les auspices de la Vierge la conception très libre de la pudeur qu'expose ici l'Amie. R. D. Cottrell voit dans cette invocation une allusion à Erasme qui invoquait de son côté «Saint Socrate» (art. cit., p. 124).

[3] Vers 523: Raconter quelque chose qui ne convient pas à une femme.

[4] Voir ci-dessous, les vers 545-558 et la note du vers 556.

[5] Rappelons que les médisants sont associés à des chiens toujours prêts à mordre. L'Amie, en parfaite aristocrate, prend plaisir à déchaîner les préjugés vulgaires.

(Sans mon honneur toutesfois oultraiger)
Que quelque fois dedans mon lict couchée,
Ung survenant* maulgré moy ma touchée
En la partie en moy la plus parfaicte,
Au tetin ferme, ou la cuisse refaicte,
Quoy? J'oy desja murmurer ce me semble /
Ung faulx scrupule en voz[1] cueurs qui s'assemble,
Et voz espritz qui me sont escoutans,
Semblent de moy pour ung seul mot doubtans.
Dames, seigneurs qui escoutez ce compte
Ne m'arguez perdre icy toute honte.
Le mien parler aulcun tort ne me faict,
Et de mon dire encores moins l'effect,[2]
Esperant bien prouver par ma deffense
Que vostre erreur surmonte mon offense:
Car de Venus le Ceston* chaste & sainct
N'est en cela maculé ny desceinct,
La privaulté ne fut desmesurée.
Celuy qui eut telle audace asseurée
Veult tant l'honneur observer & attaindre
Qu'il n'eust voulu de rien ord* me con-/traindre[3] [e iij]
Et quand ausé il auroit aultrement

532. oultrager *D O M4 M5 M7 M8* – 534. m'ha *O*/ m'a *M4 M5 M7M8* – 536. [.] *D O M7* – 538. [:] *D* – *541.*alinéa *D*/ [, qui escoutez ce compte,] *O M5 M7*/ [,] *D* – *543. *alinéa *D* – 544. [.] *M2 M4 M5 M7 M8* – 548. [:] *D* – 553. osé *D O M8*

1 La deuxième personne du pluriel renvoie maintenant au public de courtisans qui écoutent l'Amie: celle-ci prévient le «faulx scrupule» que l'opinion vulgaire pourrait semer parmi ses compagnons.

2 vers 543-544: s'annonce ici un développement à venir, celui qui concerne la liberté de faire et d'écouter des plaisanteries un peu légères (vers 627-634). Le poème procède, comme on le voit, par approches cycliques ou déploiement progressif des idées.

3 Fidèle aux principes aristocratiques qu'elle a précédemment exposés à propos des présents, l'Amie ne veut soupçonner son compagnon d'aucune intention répréhensible.

Il ne l'eust peu sans mon consentement.
Dont contre luy moy de deffense armée
Suis doublement en son cueur estimée,[1]
Pour avoir veu en moy l'esprit & corps
De beaulté chaste unir les deux accordz,[2]
Et si l'on dict que le privé toucher
Faict pres du feu le tison approcher,
Je respondray il ya ja long temps
Que si l'honneur ou tousjours je pretends
N'eust en moy deu faire plus de demeure*:
Ung que nommer je ne veulx pour ceste heure
Par les effors de sa langue diserte,
Auroit plustost tiré gaing de ma perte, /[3]

---

555. de moy defense *M5* – 558. venir *M4 M5 M7 M8* / [.] *D O*/ [:] *M7* – *559. *alinéa *D*/ Si on *M5 M7* – 561. y ha *O*/ y a *M4* – 563. [,] *D O* – 564. [,] *D O M5 M7*

---

[1] doublement estimée: ce raisonnement renvoie au «secret de Diane» mentionné aux vers 525-526, mystère réservé, selon l'Amie, aux âmes d'élite: la jeune fille obtient un surcroît de prestige en s'exposant à la tentation. De même, Paul Angier dans sa défense de l'Amie soutient qu'en entretenant l'espoir chez ses amants, la jeune fille les retient de s'adonner à la luxure et les aide donc à demeurer vertueux.

[2] Par le récit de cette aventure, l'Amie entend prouver qu'elle a la fermeté et la constance de la femme idéale. On trouve dans le *Courtisan* une histoire semblable qui illustre la force de caractère d'une certaine dame: "Que direz-vous d'une autre qui, pendant six mois, coucha presque chaque nuit avec un très cher amoureux, et qui, pourtant, dans un jardin rempli de fruits délicieux, invitée par son propre désir qui était fort ardent, et par les prières et les larmes de celui qui lui était plus cher que sa propre vie, se garda bien de les goûter, et bien qu'elle fût prise et liée nue dans l'étroite chaîne des bras aimés, ne se rendit jamais, mais garda immaculée la fleur de son honnêteté?"(p. 280). L'une des plus remarquables expressions de cette doctrine, ainsi que sa critique, appartiennent à Pernette du Guillet. Voir Appendice II, 2.

[3] L'Amie introduit ici le personnage évoqué aux vers 248-250 qui, par son éloquence saurait la toucher de façon plus significative que l'audacieux qui l'a caressée de la main. Après cette mention d'un amant différent des autres, le discours devient didactique et la pensée se porte sur des sujets plus graves.

Que par baisers, ny par approchemens,
Qui de la chair ne sont qu'atouchemens,
Laquelle est serve, & de soy ne s'adonne
A faire rien si l'esprit ne l'ordonne,
Il est bien vray que l'esprit empesché
Est en ce corps, qui n'est rien que peché [:]
Mais si a il par la grace divine
Ce franc vouloir* qui commande & domine,[1]
Et qui conduict par le mouvement sien
Ceste chair morte à faire mal ou bien:
Dont tant qu'il est à vertu resolu,
Le corps ne peult de vice estre polu.[2]
Or si la voix de l'ame l'instrument,
Qui tient du ciel & de son element,
Par la doulceur d'une eloquence forte
Rendre n'a peu ma vertu vive morte:[3]

---

567. ne *D O* /rapprochements *M8*– 570. [.] *D M2 O M5 M7* – *571. *alinéa *D*– 572. [:]*D M1 M2 O M4 M5 M7 M8* – *579. *alinéa *D*/ Ou *M8*

---

1 L'Amie soutient que "le libre arbitre" est donné à l'homme "par la grâce divine", mais elle n'explique pas comment il tend vers le bien plutôt que vers le mal. Un contemporain et ami de La Borderie, pour lequel les questions d'éthique laïque et religieuse sont étroitement liées aussi, C. Chappuys, écrit que l'homme ne peut pas exercer son libre arbitre dans la direction du bien sans le secours constant de la grâce divine: "Mais on scait bien que pretendre sans elle/ Ou que ce soit, seroit voller sans aelle,/ Chasser en lair, pescher dessus la terre,/ Et des geans renouveller la guerre." *Discours de la Court.* Précisément, ce qui manque à l'Amie de court, c'est la foi en la nécessité constante de la grâce divine.

2 Même idée que ci-dessus, vers 399-400, à propos de la liberté des femmes. La volonté du bien suffit à diriger le corps vers le bien. Il paraît difficile d'adopter la lecture de R. D. Cottrell (art. cit., p. 130), qui voit dans ce passage une identification entre «franc vouloir» et «grace divine» et s'appuie sur cet exemple pour montrer que le poème est porteur de la doctrine évangélique.

3 N'y a-t-il pas un paradoxe à imaginer que la parole qui tient du ciel puisse servir à tuer la vertu, et cette contradiction ne révèle-t-elle pas la faiblesse de raisonnement de l'Amie, malgré son volontarisme?

Et si raisons qui gaignent les espritz /
N'ayant le mien en servitude pris:[1]
Comment aura de ce faire povoir
La chair qui n'a langue pour esmouvoir,
Qui ne tient rien que de la terre basse,
Gros element de vile & orde masse?
Pourtant ne veulx par mes dictz voz beaultez
(Dames)[2] induire à telles privaultez.
Toutes n'avez (peult estre) la constance
Si bien que moy, de faire resistance
Contre l'ardeur des flammes amoureuses
Qui sont à vous, non à moy dangereuses.
Au grand hazard* de telz dangers extremes
Nul ne vous peult conseiller que vous mesmes.
Mieulx ne povez voz forces asseurer
Que dedans vous vous mesmes mesurer, /[3]
Cognoissez bien votre nature infuse
Ce qu'elle cherche, & ce qu'elle refuse,[4]

---

583. [,] *D M7* – 584. N'ont point *D*/ [,] *O M5 M7*/ [absence de ponctuation] *M4 M8* – 585. pouvoir *D O M5 M7 M8* – 588. [,] *M5*/ [:] *M7* – 591. [:] *D*/ [,] *O* – *595. *alinéa *D*/ dangiers *D M8* – 597. pouvez *D O M7 M8* – 598. [vous,] *M8* / [.] *O* – 599. Congnoissez *D O M4 M5 M7 M8*/ [,] *D O* – 600. [:] *O M7*

---

1 Dolet propose la leçon "N'ont point le mien...", syntaxiquement plus juste.

2 L'Amie s'adresse de nouveau à ses compagnes de la cour.

3 «vous mesurer au-dedans de vous».

4 Prendre la mesure de soi-même et rester maître de soi: revoici ce principe de la sagesse socratique que nous retrouvons dans presque tous les textes de la Querelle des Amyes comme dans le traité de Guevara, *Le Mespris de la Court*, avec lequel ils ont été publiés dès 1544. Mais ce sage discours ne parvient pas à dissimuler la naïveté de la jeune fille en ce qui concerne la sexualité: elle prétend se connaître, mais pour croire que les sens obéissent toujours à la volonté, elle n'a sans doute jamais éprouvé

Puis cognoissans voz inclinations,
Guider pourrez toutes voz actions
[A] aisément nous ayder & deffendre
Du bien qui sert, du mal qui peult offendre.
Rien ne me sert tant que la cognoissance
Que j'ay de moy, qui me donne puissance
De refrener toute envie soubdaine,
D'endurer soif au pied d'une fontaine.[1]
C'est celle la qui me scait faire aller
Par tout sans crainte, & franchement parler.
Il en ya qui font tant des sucrées,
Qui contrefont des Vestalles sacrées,
Tant qu'a parler à peine ouvrent la bouche, / [f]
Et si quelqu'ung du petit doigt les touche,
Vous jugerez à veoir leur mine estrange
Qu'on a touché quelque precieulx ange.
Mais au dehors femmes si difficiles
Par le dedans je les cuide faciles.
Et croy qu'a part autant sont vicieuses
Que devant gens se monstrent precieuses:[2]

---

601. congnoissants *D*/ congnoissans *O M4 M5 M7 M8* – 603. A aysément *D O M5 M7* / vous *D O* – *605. *alinéa *D*/ congnoissance *D O M4 M5 M7 M8* – *609. *alinéa *D*/ là *D O M7* – *611. *alinéa *D* – 613. à *M4 M5*/ [:] *D O* – 616. Ange *O* / [:] *D O* – 617. [,] *D O* / [:] *M8* – 619. à *O M5* – 620. [.] *M5 M7*/ [absence de ponctuation] *M4 M8*

---

ni désir ni plaisir sensuel. Son inexpérience fait d'elle une proie facile pour un éventuel séducteur, comme le sont les nymphes de la *Fable du faulx cuyder*.

[1] L'Amie agrémente son discours de citations et de parodies des poètes, clins d'œil envoyés aux lecteurs cultivés. Mais comprend-elle bien les vers qu'elle cite? Voir vers 653 sq.

[2] En bonne dame de compagnie, l'Amie sait varier les sujets de conversation, voire sauter du coq à l'âne, comme ici. Après avoir expliqué comment sa ferme volonté lui permet de résister à la tentation charnelle,

Car pour couvrir leur volunté* coulpable
Severité leur semble estre louable.
Or quant à moy je ne fais point la fine,
L'on me cognoist toute entiere à ma mine,
Facilement on ligt en mon visaige
Que ce n'est qu'ung du cueur & du langaige.[1]
Je ne suis point difficile en devis*
A toutes gens je leur dy mon advis:
Et s'il me vient ung bon mot pour en rire
Je le diray quoy qu'on en doibve dire, /
Soit en public, soit en trouppe privée,
Sans toutesfois estre point derivée
En mes propos meuz de naifveté,
Qui n'ont en eulx rien de l'ascivité.[2]

---

621. voulunté *D*/ voulenté *O*– *623. *alinéa *D*– 624. congnoit *O*/ congnoist *DM4 M5 M7 M8*/ [:] *D*/ [.] *O*– 625. lict *DM1 M2 M4*/ lit *M5 M7* /list *M8* / visage *OM4 M5 M7 M8*– 626. langage *OM5 M7*– *627. *alinéa *D*/ [,] *D O M5* – 629. [, pour en rire,] *D*/ [,] *O M5 M7* – 631. troppe *M4* – 633. naïveté *O*– 634. lascivité *OM2*/ lascivetè *DM4 M5 M7 M8*

---

elle parle à présent de la liberté des propos. Elle suit encore ici la leçon du *Courtisan*: "Cette dame (i.e. la dame de cour idéale), pour se faire estimer bonne et honnête, ne doit pas être si ombrageuse, ni montrer tant d'aversion pour les compagnies et les conversations, même un peu libres, qu'elle les quitte dès qu'elle s'y trouve; car on pourrait facilement penser qu'elle feint d'être aussi austère pour cacher ce qu'elle craint que les autres puissent savoir à son sujet; et puis ces façons de sauvages sont toujours odieuses." (p. 236). Ce sont évidemment les «Superstitieuses» au sens où Marguerite de Navarre entendait ce mot, par exemple dans la *Comédie de Mont-de-Marsan*, que le *Courtisan* et La Borderie attaquent ainsi. Célimène reprochera aussi à Arsinoé "cette affectation d'un grave extérieur", ses "fréquentes leçons, et [ses] aigres censures/ Sur des choses qui sont innocentes et pures". *Le Misanthrope*, III, 4, vers 925 sq.

[1] Vers 625-626: L'Amie est-elle aussi sincère qu'elle le prétend? N'a-t-elle pas avoué ailleurs qu'elle use de dissimulation avec ses amants? Remarquons que le mot ne s'applique ici qu'aux plaisanteries, mais la Contre Amye, qui traque toutes les failles de son discours, ne laissera pas échapper l'occasion de la prendre en flagrant délit de contradiction.

[2] L'Amie décrit ici cette «honnête vacance de l'âme» – c'est-à-dire des préjugés – qu'est la vertu d'eutrapélie selon Aristote et Thomas d'Aquin,

J'ay dict comment aux despens & dommaige
Des folz amans j'apprens à estre saige.[1]
Ores* sera le plaisir declairé
Qu'a le mien cueur de l'Amour separé,
En n'estant point de mes serviteurs serve
L'authorité sus eulx je me reserve:
Et ne scaurois plus grand heur demander
Qu'estre obeye, & tousjours commander.
Durant[2] ainsi de moy garde & tutrice
Je me sens royne ou quelque imperatrice,
Ayant sus tous commandement & loy,
Faveur, puissance, & nul ne [l'a] sus moy.[3]
Divers amans viennent ung chascun jour / [f ij]
En quelque endroict que je face sejour
Me presenter service, obeissance,
En m'asseurant qu'il n'est en la puissance
Du firmament garder qu'ilz ne demeurent
Mes serviteurs jusques à ce qu'ilz meurent:
Et que plustost sera la mer sans unde,

---

*635. *alinéa *D*/ dit *M7*/ dommage *O M4 M5 M7 M8* – 636. sage *M4 M5 M7 M8* – *637. *alinéa *D*/ declaré *M4 M5 M7 M8* – 638. [:] *D* – 640. sur *D O*/ [,] *M7* – 645. sur *D O* – 646. L'a *M2 M4 M5 M7 M8*/ L' ha *O*/ sur *D O* – *647. *alinéa *D* – 650. Et *M8* – 652. [,] *M5 M7*/ [absence de ponctuation] *M4 M8*

---

vertu consistant en une "démesure tempérée par la bonne éducation (...) à mi-chemin du sérieux austère qui ne connaît jamais de détente (...) et du divertissement démesuré et débridé." J. Cheyronnaud, "Sacré à plaisanteries? Notes pour servir à l'étude des formes parodiques." (*Ethnologie française*, 1992, 3, pp. 291-301), p. 298.

1 Le développement sur la liberté se termine ici, et l'Amie revient sur le thème du pouvoir qu'elle détient sur ses amants. C'est la cinquième partie (vers 635-733), consacrée aux ruses des soupirants et à la manière d'y répondre.

2 Durant: restant, demeurant.

3 La maîtrise de soi-même garantit le pouvoir sur les autres. N'avons-nous pas ici un de ces «projets de maîtrise» dont les héros cornéliens montreront la beauté et la folie?

Sans clarté ciel, sans fruict terre fecunde,
Que l'Amour soit non du tout desnuée:
Mais seulement de rien diminuée.[1]
Si de durer l'asseurance je nye
Ilz me feront une querimonie,*
En m'appellant incredule & cruelle:
L'ung me dira que je suis la plus belle
De tout le monde, & qu'en moy l'on peult veoir
Combien Nature a de grace & povoir /
Ainsi me loue, & tantost il m'accuse,
L'aultre veult seul ce qu'à tous je refuse,
Et veult donner trop moins qu'il ne demande,[2]
L'ung se complaint, l'aultre se recommande,

654. clairté *M7*/ feconde *D* – 655. [,] *DO* – *657. *alinéa *D* – 659. [.] *O* – 662. pouvoir *DOM5 M7 M8* / [.] *D M2 O M4 M5 M8* – 663. il m'excuse *M4 M5 M7 M8*/ [:] *M2 M4 M5 M7*/ [.] *D O* – *664. *alinéa *D* – 665. [:] *D*/ [.] *O*/ [absence de ponctuation] *M4 M8* – 666. [:] *D*

[1] plustost sera la mer sans unde: La Borderie parodie ici un motif poétique que rendront fameux Maurice Scève, *Délie* (1544) "Plus tost seront Rhosne et Saone desjoinctz", et Ronsard, *Amours* (1552) I, XXVI. Dans les dernières éditions des œuvres de Ronsard, le deuxième vers de ce sonnet présente la variante "plus tost la *Mer sans onde*", expression que La Borderie avait tirée de Pétrarque. Cette forme de serment d'amour par "adynaton" remonte à Virgile, *Buc.* 1, 59 sq; Ovide, *Mét.* XIV, 37-39; Properce I, XV, 29. On la retrouve chez Pétrarque, ss. *Mie venture* et *Di di in di* et chez Marot, par exemple dans l'*Eglogue au Roy sous les noms de Pan et Robin:*

> Plus tost le Rhone encontremont courra,
> Plus tost seront haultes forestz sans branches,
> Les cygnes noirs, & les Corneilles blanches,
> Que je t'oublie (ô Pan de grand renom)...
> (*Oeuvres poétiques* II, p. 41)

Remarquons que les serments de l'Amie contre l'amour sont tout aussi hyperboliques: elle se fait fort de résister cent mille ans aux avances de ses soupirants (vers 150-152).

[2] Et veult donner trop moins qu'il ne demande: celui-là demande l'amour exclusif sans promettre la même chose en retour.

L'ung est craintif, & me faict l'asseuré,
L'aultre est trop sobre ou trop desmesuré,
L'ung de l'oeil pleure alors que le cueur rit,
L'aultre est malade & soubdain se guerit,[1]
A tout cela il fault que je responde:
Et si j'estois la plus triste du monde
Tout aussi tost (mais que je vueille ouyr)[2]
Je ne scaurois me garder d'esjouyr*:
Car en oyant leurs plainctes & clameurs
Aulcunesfois de rire je me meurs,
Pour le plaisir de la diversité / [f iij]
Que va comptant leur faincte adversité.[3]
Tous les propos d'eulx à moy recitez
S'ilz ne sont vrays, sont tant bien inventez,
Que si n'estoys saige & bien advertie,
Je serois tost à leur loy convertie.
Mais devisons un peu de l'equipaige
Des jeunes gens qui sortent hors de paige,[4]
Bien aise suis ceulx cy veoir adresser

667. [:] *D* – 668. [:] *D*/ [.] *M2 M7* – 669. [:] *D*/ [.] *M1 M2 M4 M5 M8* – 670. [.] *D* – *671. *alinéa *D* – 678. feinte *O*/ fainte *M7 M8* – *679. *alinéa *D* – 681. sage *M7 M8* – *683. *alinéa *D*/ equipage *M1 M2 O M4 M5 M7 M8* – 684. De *M8*/ page *O M5 M7*/ [:] *D O*

1 L'ung... l'aultre: la description contrastive, faite d'une série d'antithèses, est un procédé que La Borderie affectionne, comme tous les poètes de son temps (voir en appendice, «un imitateur de La Borderie»). On le retrouvera dans l'épilogue du poème ainsi que dans l'épisode de la tempête en mer du *Discours du Voyage de Constantinople*. Le procédé est courant dans la satire. Cf C. Marot, *Le second Chant de l'Amour fugitif*, *Oeuvres* I, p. 344, vers 47-51 et *Le Temple de Cupido*, *Oeuvres* I, p. 38, vers 386-389.

2 mais que je veuille: pour peu que je veuille, si je voulais.

3 Je me meurs de rire, à cause de la diversité de leurs prétendus malheurs.

4 Sortir hors de page: émancipation du jeune noble faisant carrière à la cour.

A moy qui prens plaisir de les dresser.
Si j'en voy ung qui n'ose à moy venir,
Et qu'il desire honneste[1] devenir,
Je vous l'appelle en donnant hardiesse
A sa craintifve inexperte jeunesse,
Et vous le metz en propos & en grace:
Mais il n'a pas si tost pres de moy place
Que j'appercoy Cupido se souillant
Dedans son sang tendre, chault, & bouillant. /[2]
Et ung sien cueur d'aymer non bien apris,
En ung instant je le veoy tant espris
Que l'on diroit veu l'ardeur tresextreme
Qu'il est tout mien, & non plus à luy mesme:
Et qu'il ne reste à l'heure comme il semble
Qu'avoir ung prebstre & nous lier ensemble.[3]
Mais je suis seure, & n'en suis point deceue

---

*687. *alinéa *D*/ si j'en prevoy *M5 M7* – 694. [,] *M7* – 695. En *M4 M5 M7*/ appris *D M2 M4 M5 M7 M8* – 698. [,] *O* – 699. n'y *D*/ [, comme il semble,] *D O M5 M7* – 700. [:] *M5 M7*

---

1 honneste: le mot peut se prendre à plusieurs sens, d'abord à celui de «courtois», sans nuance péjorative; ensuite au sens platonicien ou cicéronien d'«honestus», «qui désire le bien», faisant référence à la doctrine classique de l'amitié; il peut enfin s'interpréter comme une antiphrase et signifier alors «mondain», «galant». Tout le passage qui suit est imprégné de la même ambivalence.

2 L'étiologie platonicienne de l'amour – la théorie de la fascination diffusée par les ouvrages de Ficin et de Fregoso – tient compte des qualités du sang adolescent: "Les medecins curateurs de nostre corps dient, qu'en l'adolescence nostre sang est subtil, clair, chauld, doulx, & leger..." G. Corrozet, *La diffinition & Perfection d'Amour.* (1542), fol 27 r°. L'Amie décrit en effet dans ce passage la contraction de la maladie d'amour vulgaire chez les jeunes gens qu'elle attire près d'elle.

3 Peinture très vivante des galanteries de la cour, qui ne manque pas de charme du fait de l'âge des personnages: l'Amie à peine sortie elle-même de l'enfance se charge d'éduquer les jeunes courtisans dès leur arrivée à la cour. Elle incarne à elle seule la cour, qui avait été la «maîtresse d'école» non seulement de Marot mais aussi de La Borderie.

Qu'en ung moment toute flamme conceue
Devient fumée es jeunes amoureulx:
Car soubdain naist, & soubdain meurt en eulx
Tout appetit, ainsi que feu de paille.
Ne cuidez pas qu'aussi guiere il m'en chaille,
Ce n'est pas la que ma felicité /
Se constitue eternelle cité.[1]
Le plus grand fruict que de ce j'en attens
C'est m'en esbatre & en passer le temps.[2]
Et moyennant tel plaisant exercice
Garder l'esprit de succumber à vice.[3]
Jeunes & vieulx, petitz, grands, & menuz,
En mon endroit sont tous les bien venuz,
En ung chascun qui m'entretenir ose.[4]
Sans aymer tout, j'ayme bien quelque chose:
J'ayme de l'ung une grace bien bonne,
Doulce, aggreable, & qui point ne s'estonne,
De l'aultre j'ayme une langue mectable*,

---

703. [,]*O* – 706. guere *D O*/ [.] *M5*/ [:] *D O* – 707. là *D M2 O M4 M7 M8* – 710. [:] *D O* – 712. succomber *O M8* – *713. *alinéa *D* – 715. [,] *D O* – 716. [.] *D O M7* – 718. [.] *D O* – 719. mettable *O M5 M7*

---

1 Vers 707-708: ce n'est pas sur la constance des jeunes gens que l'Amie compte pour être heureuse.

2 La ponctuation de *D* et *O* (:) met en évidence «l'enseignement» de l'Amie.

3 Les jeux de séduction procurent un double profit: d'abord l'amusement, qui évite de prendre l'amour au sérieux et de souffrir; ensuite ils empêchent l'esprit d'acquiescer au vice. L'Amie prend au sérieux sa mission auprès des jeunes gens: elle les rend amoureux d'elle pour que, tourmentés par le désir, ils apprennent à se dominer, c'est-à-dire à devenir «honnêtes». C'est bien ce raisonnement que Paul Angier développera, disant que pendant que les jeunes gens courtisent l'Amie, ils restent chastes.

4 La leçon de *O* pour les vers 715-716 comporte une virgule au premier vers et un point au second, ce qui normalise la suite logique des idées.

Ung parler prompt, facond, & delectable,
Beaulté me plaist ou qu'elle soit choysie
Là la doulceur, icy la courtoysie,
Chascun de moy en effect est loué
Selon qu'il est par nature doué. /
Jusques aux sotz leur sottise m'agrée,
Et avec eulx par fois je me recrée.
Si c'est Amour que d'aymer tout cela,
J'en ayme plus de mille ca & la:
Mais le plaisir d'aymer ainsi, perit
A mon aureille, à l'oeil, à l'esperit,
Sans cueur ny corps au dedans tourmenter.
O bien heureux qui se peult contenter
De telle Amour. Mes dames je me doubte[1]
Que l'on attend, & que chascun escoute
De moy la fin ou je pretend venir:
Je ne veulx point en longueur vous tenir
Je le diray, mais qu'ung peu on se taise,[2]
Et m'escouter encores il vous plaise.
Ce qui me rend (à tous faisant grand chere)[3]
En dictz prodigue, & aux effectz* / treschere,[4] [g]

720. [.] *D O* 721. paist *D O*/ [,] *D O M5* – 722. [Là,] *O M4 M5 M8*/ [.]*O*– 723. [, en effect, est loué,] *O*/ [,] *D* – *727. *alinéa *D* – 728. ça & là *O*/ çà & là *M4 M5 M7*/ [ça, & là] *DM8*/ [.]*DO*– *729. *alinéa *D*/ [absence de virgule après ainsi] *M8* – 730. oreille *D O*/ & à l'esprit *M8* – 731. ne *D O* – *732. *alinéa *D* – *733. [Amour!] *D M1 M5*/ [amour!] *O M7*/ [amour?] *M4 M8*/ [,] *D* – 735. [.] *D* – 736. langueur*D M4 M5 M7M8*/ nous *D*/ [:]*O* / [,] *M5 M7* – 738. [:] *M8* – *739. *alinéa *D*/ grand' *D*

[1] Vers 733-845: Sixième mouvement du poème, centré sur la question du mariage.

[2] mais qu'ung peu on se taise: pourvu qu'on se taise. Les dernières affirmations de l'Amie auraient-elles suscité des murmures dans l'assistance?

[3] grand chere: belle façon, bon accueil.

[4] En dictz prodigue, & aux effectz treschere: prodigue en parole, mais non en acte.

C'est pour sembler à la lyonne saige,
Qui par coustume & naturel usaige
Le grand trouppeau des bestes environne,
Pour en tirer de toutes une bonne.
Ou faire ainsi que l'Esprevier rusé
Au circuit d'Estourneaulx amusé,
Qui tant les suyt & tant les enveloppe
Qu'il en prend ung des meilleurs de la trouppe.[1]
Tout ainsi moy je ne suis pas si beste
Qu'en me jouant & faisant à tous feste
Je ne regarde à qui plus me tenir,
Pour me pourveoir au temps de l'advenir:
Bien cognoissant que le temps est mobile,
Faveur muable & jeunesse debile
Et que beaulté ne peult tousjours durer.
Contre ce doubte il me fault asseurer, /
Mon asseurance est le seul mariaige,
Qui est le but ou toute femme saige
Doibt pour son bien de bon heure viser:[2]

---

741. sage *D O M4 M5 M7 M8* – 742. usage *D O M4 M5 M7 M8* – 743. troppeau *M2 M4 M8*/ troupeau *O M5 M7* – 747. [,] *D O M7* – 748. troppe *D O M4 M5 M7* – 753. congnoissant *D M1 M2 O M4 M5 M7 M8* – *756. *alinéa *D*/ [:] *O* – 757. mariage *D M1 M2 O M4 M5 M7 M8* – 758. sage *D O M4 M5 M7 M8* – 759. bonne [.] *D O*

---

1 La Borderie affectionne l'image de l'oiseau de proie lancé à la recherche de sa vie. Dans le *Discours du Voyage de Constantinoble*, c'est lui-même qu'il compare à un «jeune autour» seul au monde (vers 21-26), et obligé de subvenir lui-même à ses besoins. Ici, la jeune fille ne se contente pas de se comparer à un animal prédateur, elle assimile aussi le mariage à une capture et à un acte de dévoration. Avant de l'accuser de cynisme, rappelons-nous qu'elle veut amuser son public: on l'imagine très bien mimant de la voix, du regard et du geste la lionne ou l'épervier à l'affût. Ceci dit, l'image dévoile la brutalité des intérêts matériels sur lesquels se concluaient les mariages.

2 C'est le discours parental sur le mariage que l'Amie nous offre dans ces quelques lignes. Après s'être déclarée farouche partisane de

C'est ung grand mal ung fascheux espouser,
Comme j'ay dict (filles) au paravant:
Et grand plaisir d'avoir mary scavant,
Honneste, saige, & plein de bonne grace.
Mais s'il falloit qu'ung sot de bonne race,
Riche de biens, & pauvre de scavoir,
Me demandast & me voulsist avoir
Et nul espoir ne m'estoit departy
De recouvrer plus apparent party:[1]
D'advis serois que plustost on le prit
Qu'ung plus scavant qui n'a rien que l'esprit:
Car il n'ya chose si miserable / [g ij]
Que pauvreté, c'est ung mal incurable,
Qui n'a malheur si grand que provoquer
Les gens à rire, & de soy se moquer.[2]
J'aymerois bien ressembler celles la
Qui d'ung desir de tost faire cela,[3]
N'estimeront le tour infame & laid

---

*760. *alinéa *D* – 763. sage *D O M5 M7*/ [,] *M2 M4 M5 M7 M8* – *764. *alinéa *D*/ failloit *M1 M4 M7 M8* – 765. paovre *D M1*/ paouvre *M2*/ povre *O* – 771. il n'y ha *O*/ il n'y a *D M4*– 772. paovreté *D M1 M2*/ povreté *O* / [paovreté :] *D* – *775. *alinéa *D*/ là *D M7*

---

la liberté des femmes, elle endosse maintenant le rôle de la «bonne fille», sachant bien qu'il vaut mieux se marier que rester vieille fille. Cigale en apparence, lionne sans crocs ni griffes, l'Amie n'est finalement qu'une fourmi prévoyante qui veut s'assurer un avenir confortable.

1 L'Amie commence à douter d'elle-même, en imaginant ne pas arriver à trouver un mari sortable. A partir d'ici, elle va graduellement perdre son assurance d'adolescente pour descendre en imagination jusqu'au désespoir.

2 La première ombre au tableau dans la doctrine de l'Amie de court, la peur de la pauvreté, a souvent été assimilée à de l'avarice par les critiques du XXe siècle. Mais ce qui a véritablement choqué ces derniers, c'est le matérialisme de la jeune fille qui dit préférer le confort à l'amour.

3 Qui d'ung desir de tost faire cela: pour faire cela – c'est-à-dire l'amour – au plus tôt.

Se marier à leur propre vallet.[1]
Ou quelque folle au riche preferant
L'honneste amy, qui son pain va querant*:
Et puis apres il fault vivre d'amours,
Ou bien apprendre à passer les longs jours
En peine extreme ou langoureuse vie.
De tel malheur je n'en ay point d'envie:
Car estant [là][2] plus froide je [s]erois
Que n'est Venus sans Bacchus & Ceres.[3]
Quant à mary je resoulz donc ce poinct
De l'avoir riche, ou de n'en avoir point, /[4]

---

778. valet *D*/ varlet *M1 M4 M5 M7 M8* / [:] *D* – 780. [,] *O* 783. langoreuse *D*/ & langoureuse *M4 M8* – 784. [,] *D O* – 785. là *D M2 O M4 M5 M7 M8* / [seroys,] *D*/ serois *M2 O M4 M5 M7 M8* – *787. *alinéa *D* – 788. [.] *D* – 789. mœurs *O* – 790. Du tout *D O* – 792. là *D M2 M4 M5 M7*/ [.] *O*

---

1 Si l'on en croit *Hécatomphile*, la chose n'était pas rare du tout: "j'estime ung grand scandale ce que plusieurs femmes perpetrent qui s'habandonnent a vilains mecaniques, ou gros valetz, d'autant que telles se font serves d'hommes ignobles & ruraulx." p. 14. Dans les vers 775 à 780, la forme optative "j'aymerois bien ressembler" est une antiphrase: l'Amie ne désire pas plus épouser un homme pauvre par amour qu'un valet par lubricité; les deux choses aboutissent également selon elle à déclasser une femme, moins sur le plan moral, il est vrai, que socio-économique.

2 c'est à dire »si j'en étais réduite à cela».

3 vers 785-786: «Je serais plus froide que n'est Vénus sans Bacchus et Cérès». L'Amie évoque ici l'adage «Sine Cerere & Baccho friget Venus», qui signifie que la nourriture et le vin sont les compléments indispensables de l'érotisme. Dans les récits, ces trois divinités président ensemble au festin nuptial des héros. Voir par exemple J. Flore, *Andro et Rosemonde* (*Contes amoureux*, p. 123) et *Méridienne* (ibid. p. 133-134). On peut aussi citer un quatrain de P. du Guillet: "En Daulphiné Ceres faisoit encor moisson, / Estant à Millery Bacchus en sa boisson:/ Parquoy je puis juger, voyant les vins si vertz,/ Que Venus sera froide encor ces deux hyvertz." *Rymes* in *Poètes du XVIe siècle*, p. 234. Cependant, Cérès et Bacchus sont mis ici en équivalence, non avec le vin et la bonne chère, mais avec le moyen de se les procurer, l'argent, sans lequel la jeune fille dit ne pas pouvoir éprouver l'amour.

4 vers 787-788: cette déclaration s'insère, comme on le voit, dans la logique du discours «antérotique» du personnage, dont elle constitue

Bien qu'il soit crud, & que ses meurs perverses
Dont tout je sente estre aux miennes diverses:
Si ay je espoir toutesfois le reduire,
Et peu à peu jusques la le conduire,
Que s'il est lourd assez me sens subtille
Pour le changer en peu de temps habille.
S'il est haultain, cruel, audacieux,
Ma doulceur peult le rendre gracieux.
L'on dompte bien les chevaulx effrenez
Les fiers lyons quand il sont gouvernez,
Par artifice aisément s'apprivoisent,
Sans faire mal en tous lieux ou qu'ilz voisent*.[1]
Doncques au pris pourquoy n'est il facile
Domestiquer l'homme trop plus docile, / [g iij]
Que l'Animal, lequel nulle saison
Ne loge en soy comme luy la raison?
Car ou raison dresse son habitacle
Facilement on peult rompre l'obstacle
De tout erreur qui cache sa lumiere,
Pour la remettre en sa clarté premiere.[2]
Premierement je mettray mon estude*

---

793. subtile *D O M5 M7 M8* – 794. habile *D O M5 M7* – 797. [effrenés:] *D*/ [,] *O M7* – 798. [Lyons,] *D O M5*/ gouvernés *D*/ [absence de virgule finale]*D O M5 M7* – 799. [Par artifice,] *M5 M7*/ [, aysément,] *D* – *801. *alinéa *D*/ [au pris,] *D M8* – 804. [, comme luy,] *D* – 807. toute *D O* – 808. clairté *M7*

---

l'aboutissement paradoxal: au rebours des héroïnes de Jeanne Flore, un mariage d'amour sans richesse laisserait l'Amie totalement «froide». Mais le spectre de la pauvreté n'est que la première des angoisses qui vont l'étreindre et la conduire à envisager «le pire».

[1] voisent: (subjonctif) aillent. L'Amie reprend momentanément confiance en elle.

[2] Ces principes sont irréprochables sur le plan philosophique et empreints d'une sollicitude digne des Humanistes. Cependant, l'Amie les invoque à l'appui d'un projet de faible portée morale: conserver sa liberté

Et emploiray peine & solicitude
De le gaigner si bien qu'il m'aymera.
Or en m'aymant si bien imprimera
En son esprit de rien ne me dedire,
Qu'il est aisé de le povoir induire
Facilement & faire condescendre
A tous partis que je vouldray pretendre.
Mais s'il estoit de soy si difficile
Que sa nature austere & imbecille,
Par amytié ne peust estre traictable, /
Ny par moyens quelconques accoinctable,
Et que je veisse en moy l'experience[1]
De ma bonté envers l'impatience
De sa malice avoir nulle vigueur,
Ains que, tousjours une sienne rigueur
Me tourmentast sans cause ny raison,
Comme servante en la sienne maison,
Helas mon dieu que pourrois je lors faire?[2]
Comme scauroit ung esprit satisfaire

---

*809. *alinéa *D* – *812. *alinéa *D* – 813. desdire *D M1 M2 O M4 M5 M7 M8* – 814. pouvoir *D O M8* – *817. *alinéa *D* – 818. imbecile *D O M5 M7 M8* – 820. Ne *D O* – 825. ne *D O* – 827. Dieu *D O M7* / [!] *M2 O M5 M7*

---

d'adolescente et continuer à s'amuser. Elle imagine qu'elle aura sur son mari le même ascendant que sur ses soupirants.

[1] «expérience» se construit souvent à cette époque avec le verbe «voir»; l'expression signifie «faire l'expérience» ou, comme ici «voir l'exemple», c'est-à-dire «constater».

[2] Les exemples ne manquent pas, dans la vie comme dans la littérature, de femmes victimes de maris «indomptables» par la raison. C'est le cas de plusieurs personnages de Marguerite de Navarre, dont la première Femme mariée de la *Comédie des Quatre femmes*. Le discours va maintenant passer à la plainte, l'Amie qui se prend au jeu de ses fantasmes pendant tout son discours, va s'identifier maintenant à la figure de la «malmariée».

A tel malheur, autant pernicieux
Qu'il en soit point dessoubz tous les neuf cieulx?
Hymen, Juno, vous dieux de mariaige
Destournez moy ce sinestre presaige:
Et si le ciel ou demeure vous faictes
M'a concedé quelques graces parfaictes,
Ne permettez qu'elles soient demolies /
Par chant lugubre & tristes omelies*.[1]
Car si de vous j'estoys tant oubliée,
Que maulgré moy je me veisse lyée
En prison telle, ou mes plainctes funebres
N'espereroient lumiere à leurs tenebres
Ung seul moyen me reste en tel malheur
Qui ne vault guiere & si est le meilleur.[2]
Mais quoy que dy je? Et ou suis je ravie?[3]
Doibs je esperer telle peste à ma vie?
Je ne la veulx ny penser ny prevoir,
Ny de tel mal au remede pourveoir:
En debatant comme on se peult distraire.[4]
Je m'en tairay pour parler du contraire

831. Dieux *DO*/ mariage *DM1 M2 O M4 M5 M7 M8* – 832. sinistre *D M2 O M4 M5 M7 M8*/ presage *DO M5 M7 M8* – *837. *alinéa *D*/ obliée *M1 M2* – 840. [,] *DOM5 M7* – 842. [guere,] *D*/ guere [,] *O*/ gueres *M5 M7* – *843. *alinéa *D*/ [Mais quoy?] *DO* – 845. ne ne *DO* – 846. Ne *DO* - *848. *alinéa *D*

1 Ne permettez pas que mes charmes soient ternis par les larmes et les plaintes.

2 L'infidélité? Le meurtre? Le suicide? A chacun(e) d'imaginer la solution.

3 ravie: emportée. Dans le vocabulaire de l'époque, ce terme désigne l'état des mystiques, dont l'âme quitte momentanément le corps pour remonter au ciel. Ainsi, le personnage de la «Ravie de l'amour de Dieu» dans la *Comédie de Mont-de-Marsan*. L'Amie est emportée par son fantasme de malmariée.

4 vers 847: «comme on peut divaguer en parlant». L'Amie se ressaisit et chasse l'horrible fantasme du mari fâcheux. Par un acte volontaire

Tant je me fie en la bonté haultaine[1]
Que d'avoir mieulx je suis toute certaine.
Les dieux ne m'ont de grace tant douée /
Pour me vouer en fin estre vouée[2]
A naviguer en si forte tempeste.[3]
Le mien mary sera saige & honneste,
Tant excellent, j'en suis bien asseurée,
Que sa valleur ne sera mesurée
Suffisamment de langue, ny d'esprit:
Avec lequel si jamais femme aprit
Vivre contente en honneur & en gloire,
Ou s'il est juste & licite de croire
Qu'on doibve aymer, telle alors je seray
Et de sentir l'Amour commenceray:
Non point l'Amour qui blesse & qui tourmente,[4]
De qui chascun se plainct & se lamente:
Mais bien l'Amour qui est incomparable

---

851. Dieux *O*/ [,] *D*/ [:] *O* – 852. vouloir *D O* – *854. *alinéa *D*/ sage *O M4 M5 M7 M8* – 857. ne *DO* – 858. apprit *DO* – 859. [:] *D*

---

encore, mais cette fois après avoir invoqué l'aide des dieux, elle va «enfanter» en imagination l'amour véritable. La vision du malheur auquel peut la mener son désir de luxe provoque une sorte de conversion à des aspirations plus élevées: c'est le sujet de l'épilogue du discours (vers 863-894). La métamorphose du personnage est-elle sincère ou s'agit-il encore une fois d'une bouffée fantasmatique?

1 la bonté haultaine: la bonté des dieux.

2 Vers problématique, que la leçon de *O* corrige au dépens de l'élégance.

3 Le mariage et l'amour se trouvent souvent associés à la navigation, comme l'existence en général, dans la poésie amoureuse de l'époque. La tempête en mer traduit l'idée de l'épreuve au cours de laquelle l'individu peut se damner ou se sauver. La Borderie a insufflé à cette figure un triple sens religieux, chevaleresque et courtois dans son *Discours du Voyage de Constantinople.* Voir F. Lestringant, *op. cit.*, p. 139-156.

4 L'Amie finit son discours par où elle l'a commencé: par la description des attributs de l'Amour, description contrastive qu'on retrouve dans le poème d'un «imitateur de La Borderie» (voir Appendice I). Ce

D'ung mutuel plaisir inenarrable.
Non l'Amour faulx par fiction trouvé:[1]
Mais bien le vray certain & approuvé, / [h]
Qui en noz cueurs prendra force & naissance,
Et n'estendra que sus eulx sa puissance:
Portant en main en lieu d'arc & de traict,
D'honnesteté l'imaige & le pourtraict:
Ou nous verrons l'exemple pur & munde*[2]
De vivre unis, sans divorce en ce monde.
Ses yeulx seront ouvers, & non point clos
Pour veoir en ung noz deux vouloirs enclos:
Et du tresfort lyen de vertu rare
Tant les serrer que rien ne les separe.[3]
L'aultre est vollant plein de legereté:
Mais cestuy cy sera tant arresté
Que dedans nous il fera sa demeure
Jusques à tant que l'ung ou l'aultre meure
Accompaignant les immortelz espritz, /
Tant que le ciel les ayt en soy repris:
Auquel sejour il les eslevera,

---

867. trouvée *M1 M2 M4 M8*/ [,] *D* – 868. approuvée *M1 M2 M4 M8* – 870. sur *D O* – 872. [L'ymage,] *D*/ L'image *M4 M5 M7*/ [.] *M1 M4 M5* – 873. voyrrons monde *D* – 877. lien *O M8* – *879. *alinéa *D*/ volant *D O M5 M7 M7M8*/ [absence de ponctuation finale] *M1 M4 M8*/ [,] *O*

---

qu'elle représente ici, et que la Contre Amye dénoncera comme de l'hypocrisie, correspond à la conception néo-platonicienne de l'amitié parfaite telle que la développera Héroet dans *La Parfaicte Amye.*

[1] par fiction trouvé: cf *Le Messagier Damours* (1489): "... nest il poinct notoire/ Quil ayt este des gens aulcunement/ ... Qui se soyent aymez parfaictement/ Sans fiction..." (a iii); "Je laymeray tout le temps de ma vie/ Parfaitement sans nulle fiction" (b iiii).

[2] Jeu de mots qui imite le double sens de l'adjectif grec *kosmon*, «beau» et «monde», dans le dialogue entre Socrate et Calliclès (*Gorgias*, 507e-508a). Dans *Le Temple de Cupido*, Marot décrit Ferme Amour comme "la Dame pure & munde". *Oeuvres poétiques*, I, p. 29, vers 66-67.

[3] Dans *Le Banquet* (212a), Diotime explique que la vision du Beau enfante la vertu.

Et mieulx que l'aultre à l'heure vollera,[1]
Pour lassus prendre eternelle louange,
Ou sera dict d'honneste amytié [l'ange].[2]
O bien heureuse, O vraye Amour future,
Que je prevoy certaine en mon augure,*
Puis que desja je la cognois presente[3]
A celle fin que plus d'aise je sente
A bien gouster les plaisirs qu'elle donne
Pour le penser le dire,[4] j'abandonne.[5]

Fin de l'Amie de court. [h ij]

886. volera *D O M5 M7* – 887. Pour la sus *D*/ là sus *O* – 888. dit l'Ange *O* / l'ange *D M2 M4 M5*/ – 889. O` O` *D*/ ô vraye *O* – 890. [!] *D M5* - 891. congnoys *D*/ congnois *M2 M4 M5 M7 M8*/ congnoy *O* – 893. le plaisir *O* – 894. [penser, le dire] *D M2 O M4 M5 M7*

1 vers 886: le sujet du verbe est toujours l'Amour céleste.

2 Dans la doctrine ficinienne, Dieu ou la Bonté divine, qui est le centre de l'univers est entouré de quatre cercles qui correspondent aux degrés de perfection des êtres: à Dieu revient la perfection absolue, le deuxième degré est tenu par l'ange ou «intelligence en acte» doté d'éternité, l'âme occupe le troisième degré, la matière le quatrième. Ce développement contient donc les principales catégories de la doctrine ficinienne de l'amour.

3 Confirmation des allusions précédentes à un soupirant plus éloquent que les autres, auquel l'Amie a été sensible.

4 Il faut déplacer la virgule après «penser», comme le proposent la plupart des éditions.

5 On trouve une conclusion semblable dans *Le Messagier Damours*: après le départ de son ami, la dame remonte à sa chambre "pour plus secrettement/ Parler seulle de son amy lhystoire". (b ii) "puis que je suis toute seulle a part moy/ En ma chambre fermee je pretens/ De reciter aulcuns biens que je voy/ En mon amy car je scay et entens/ Quil est digne de louer en tous temps/ Car sa bonte la pieca desservye/ Il est celuy que jespere et attens/ Finablement me aymer toute sa vie." En privilégiant le secret et l'amour vécu à l'amour raconté, l'Amie suit la leçon du *Temple de Cupido* de Marot: "Parquoy concludz en mon invention/ Que ferme Amour est au cueur esprouvée./ Dire le puis, car je l'y ay trouvée." (vers 536-538). L'Amie voudrait maintenant elle aussi que son «cueur» soit un temple dans le secret duquel «ferme amour» puisse grandir à l'abri des «faulx semblant».

L'AMIE DE COURT
ET
LA «CHASTETÉ D'AMOUR»

I

RÉCEPTION ET INTERPRÉTATIONS DE *L'AMIE DE COURT* DEPUIS LE XVIe SIÈCLE

1. Un scandale

Dans la préface de *L'Amie de court* qu'il publie quelques semaines après l'édition de Gilles Corrozet, Estienne Dolet recommande chaleureusement la lecture du poème de La Borderie:

> Ce n'est pas tout, Lecteur, d'avoir repceu telle grace de Dieu, que l'on soit excellent, & eminent par sur les aultres en quelcque scavoir: mais le tout est, de ne se montrer ingrat, quant au talent de science, que Dieu donne, à qui bon luy semble. Laquelle chose consiste en la divulgation des bons ouvrages: telz certainement, que cestuy cy est: car il n'est seulement plein d'eloquence Francoyse, mais tant abondant en bons enseignements (quant à la chasteté d'amour) et bonne grace, que ce seroyt ung merveilleux dommaige pour le bien public, de le supprimer plus long temps.[1] Puis doncques que l'Autheur a evité le blasme que j'ay dict au commencement, je suis d'advis de luy ayder en son bon vouloir. Ce que j'ay faict pour te recréer, et pour manifester de plus en plus l'eloquence de nostre langue, affin qu'on congnoisse, que le Francoys n'est plus barbare en parler, ny plus lourd en inventions d'esprit, que toute

---

[1] Curieuse remarque: l'édition de Gilles Corrozet était déjà parue avec un privilège de vente pour deux ans daté du 9 mars 1541 (1542 n.s.). Dolet fait-il semblant de l'ignorer, lui qui défendait ses privilèges avec tant d'acharnement?

> aultre nation. A Dieu Lecteur. De Lyon ce quinziesme de May. 1542. [1]

Ainsi selon Dolet, *L'Amie de court* serait pleine de «bons enseignements» à propos de la «chasteté d'amour» et devrait être comptée parmi les «illustrations» de la langue française: voilà qui tranche singulièrement avec la perception de l'œuvre et de l'auteur au XXe siècle.

En effet, si les critiques modernes se sont intéressés à *L'Amie de court*, ce fut rarement pour en faire l'éloge. Dès 1909, Ferdinand Gohin, dans son introduction aux *Œuvres poétiques* d'Antoine Héroet, expliquait la Querelle des Amyes comme une réaction de l'ensemble des écrivains aux propos scandaleux du personnage de La Borderie, qui attaquait non seulement la morale, mais aussi les poètes en faveur à l'époque, en particulier Saint-Gelais et Héroet, et les modèles de conduite décrits dans le *Courtisan*. D'après Gohin, La Borderie aurait voulu opposer aux fictions poétiques de son temps un personnage totalement cynique, révélateur de la méchanceté des femmes. D'où le scandale, car cette satire misogyne, indigne d'un poète, aurait été perçue comme une attaque de la Poésie elle-même:

> Le scandale causé par l'*Amie de court* fut très grand: par tradition et par respect pour la Muse, les poètes s'étaient constitués les champions des dames et de l'amour, en face des conteurs réalistes qui en faisaient l'objet de leurs railleries. On invoqua contre La Borderie le dieu de l'Amour; à coups de rimes on chassa du Parnasse l'audacieux poète.[2]

Antoine Héroet et Charles Fontaine auraient alors réagi en inventant des personnages féminins plus dignes

---

1 *L'Amie de court* (A Lyon, Chés Estienne Dolet, 1543), p. 3. F. Gohin, (éd. cit., p. 3-4, note) reproduit la préface de la première édition de 1542, dans laquelle Dolet annonce la parution prochaine de *La Parfaicte Amye* d'Héroet.

2 F. Gohin, éd. cit., Introduction, p. XXVII.

d'admiration; se seraient rapidement joints à eux Guillaume des Autels, Mellin de Saint-Gelais, Almanque Papillon, Charles de Sainte-Marthe et Clément Marot, chacun y allant d'un discours, d'une épigramme ou d'unc épîtrc pour rétablir l'amour dans ses droits. Bientôt isolé dans le camp des incrédules,

> La Borderie fut réduit à se défendre lui-même (...) Sous le voile du pseudonyme, il présenta l'apologie de son œuvre dans un petit poème intitulé *L'Experience de Maistre Paul Angier Carentennoys* (...) Paul Angier prétend qu'on s'est mépris sur la signification de l'*Amie de court* qui a, selon lui, pour sujet l'éloge de l'amour vertueux. (...) En somme, La Borderie faisait amende honorable.[1]

L'hypothèse du pseudonyme, déjà contestée au temps où l'invoquait F. Gohin,[2] est aujourd'hui tout à fait abandonnée par la critique[3]. L'idée d'une coalition des poètes contre *L'Amie de court* se trouve donc sérieusement ébranlée par l'existence d'un allié de La Borderie en la personne de Paul Angier et par d'autres témoignages d'une réception positive du poème, sur lesquels nous reviendrons ci-dessous.

En examinant le dossier monté par Gohin sur la Querelle des Amyes, on s'aperçoit que les textes que ce critique compte parmi les réponses à La Borderie n'ont pas tous été composés en réaction à *L'Amie de court*. Si nous mettons de côté *La Parfaicte Amye* et *La Contre Amye*, qui y renvoient explicitement, la plupart des autres pièces versées au dossier de la Querelle sont des compositions indépendantes qui se rapportent à «l'amour chaste»; les imprimeurs les ont peu à peu ajoutées au recueil qu'avait premièrement constitué Galliot du Pré (1544), recueil qui ne contenait à l'origine

---

1 *ibid.*, XXXV.

2 Notamment par E. Picot et E. Roy, comme le reconnaît F. Gohin lui-même, éd. cit., p. XXXV note 2.

3 Voir M. A. Screcch, art. cit. p. 103 notc ct p. 111-12.

que *Le Mespris de la court*, les «Amyes», *L'Honneste Amant* et *L'Androgyne de Platon.* C'est ainsi que *Le Nouvel Amour* d'Almanque Papillon et la pièce de Clément Marot intitulée *Epistre a son amy, en abhorrant folle amour*[1], tous deux antérieurs d'une année au moins à *L'Amie de court*, seront de nouveau publiés, le premier d'abord, dans le recueil des *Opuscules d'amour* de Jean de Tournes (1547)[2], puis avec l'épître de Marot dans les éditions ultérieures du *Mespris de la Court*. Cette association s'explique par le fait que les deux poèmes avaient trait, comme les autres pièces de la Querelle des Amyes, à la «définition» de l'amour.

Rappelons brièvement la thématique du *Nouvel Amour* de Papillon: tout en faisant l'éloge du «chaste amour» contre la passion ordinaire, le poème conclut à l'impossibilité d'en étendre la pratique à tous les humains. Cette thèse nous est présentée au moyen d'une fable: las d'être accusé de causer le malheur des hommes, Cupido décide un jour de ne plus inspirer aux êtres humains que l'amour chaste qui, au contraire de l'amour ordinaire, procure la paix et le bonheur et rend les amants plus dignes au lieu de les humilier; quand Jupiter se rend compte des désordres que cause ce «nouvel amour» dans l'univers, il enjoint à Cupido de se remettre au service de Vénus, puis se proclame seul autorisé à inspirer ce type d'amour aux êtres d'élite, parmi lesquels se trouvent «le plus excellent des Princes» (François Ier) et la dame qu'il aime «honnêtement». Publié pour la première fois en 1541, ce poème précède donc d'une année *L'Amie de court*.

---

1 «En 1543, parurent en même temps les protestations de plusieurs poètes: c'était le *Nouvel Amour* d'Almaque (sic) Papillon... c'étaient des dizains de Charles de Sainte-Marthe, et une épître «abhorrant folle amour» de Cl. Marot lui-même. F. Gohin, éd. cit., p. XXXIII. G. Defaux (éd. cit., II, p. 931) signale que la publication des poèmes de Papillon et de Marot date de 1541.

2 Selon F. Gohin, *Le Nouvel Amour* figurait aussi dans *Le Mespris de la Court* publié par Arnoul L'Angelier en 1546.

L'épître de Marot[1], parue dans le même volume et adressée selon toutes apparences à Papillon[2], dénonce «folle amour» comme une «erreur» des sens et de l'âme. La condamnation de l'amour vulgaire, qui fait l'objet du prologue de *L'Amie de court*, ainsi que la description de l'amour idéal qui en constitue l'épilogue, s'inscrivent dans la suite des poèmes de Papillon et de Marot.

Pour parvenir à une plus juste appréciation des œuvres, il est donc nécessaire de les situer dans le courant antérotique qui s'est développé en France au cours des années 1530, courant auquel appartiennent Papillon et Marot, comme les auteurs de ces élégies et dizains que les éditeurs ont ajoutés aux premières pièces. C'est à ce courant que renvoie Estienne Dolet lorsqu'il écrit que *L'Amie de court* est riche d'enseignements à propos de la «chasteté d'amour».[3]

L'idée d'un scandale provoqué par *L'Amie de court* risque donc d'éloigner au lieu de rapprocher le texte de ce «paysage» culturel dont il fait partie, pour privilégier finalement une approche moralisatrice de l'œuvre, du personnage et de l'auteur. Il est évident, par exemple, que F. Gohin percevait l'Amie comme un Dom Juan féminin ou comme une demi-mondaine qui faisait «peu de cas des sentiments les plus nobles». La jugeant cynique et immorale à cause de sa vénalité et de ses déclarations contre l'amour, il l'isole des autres personnages, comme une bille noire parmi les blanches. Cette lecture occulte d'importantes

---

1 C. Marot, «Epistre a son amy, en abhorrant folle amour» in *Œuvres poétiques* (éd. G. Defaux) II, p. 153-56.

2 L'unique exemplaire qu'on avait conservé de cette édition a disparu dans un incendie en 1942. Voir G. Defaux, éd. cit., p. 933-36.

3 La parenté d'esprit qui unissait *L'Amie de court* au *Nouvel Amour* explique peut-être le fait que la préface de Dolet citée au début de cette étude servit à présenter les deux œuvres. On la trouve en effet partiellement reproduite en tête du *Nouvel Amour* dans l'édition de Nicolas de Burges en 1543 et dans celle du *Mespris de la court* de J. Ruelle en 1550. Voir F. Gohin, éd. cit., p. 4, note.

ressemblances entre les différentes figures de la Querelle des Amyes, entre autres la distinction que font les trois personnages entre l'amour ordinaire, qu'elles rejettent, et une seconde forme d'amour, «désérotisée» et intellectuelle, à laquelle elle aspirent toutes. Certes, Gohin a raison de voir dans cette querelle littéraire un débat passionné entre partisans et négateurs de «l'amour». Mais sa théorie ne tient pas compte du fait que dans la problématique amoureuse de l'époque, le concept central d'amour se trouve scindé en deux représentations opposées, Eros – l'amour ou la passion ordinaire – et Antéros – «l'amour chaste».

Voulant montrer la supériorité morale de *La Parfaicte Amye*, Gohin a procédé à une sorte de «démembrement» du poème du prétendu rival. Certains passages de *L'Amie de court*, qu'il cite abondamment, devaient illustrer la bassesse de la «créature» de La Borderie et, par contraste, mettre en valeur le caractère sublime de la Parfaicte Amye. La multitude des citations donne au lecteur l'illusion d'avoir accès au sens général de *L'Amie de court*, illusion responsable, peut-être, de ce que le texte ne fut jamais publié intégralement au XXe siècle, alors qu'il est fréquemment rapporté en pièces détachées[1]. Les passages que cite Gohin ont souvent, dans leur contexte propre, un sens différent de celui que produit leur rapprochement avec *La Parfaicte Amye*, certains renvoyant même à des sujets étrangers aux passages auxquels ils sont censés répondre. Il arrive que les propos cités de l'Amie ne contredisent pas ceux de la Parfaicte Amye, tandis que certains autres auraient pu être signalés, qui dénotent au contraire une grande conformité de vue entre les deux personnages.

---

[1] On peut donner comme exemple de distorsion de sens les vers 739 sq et 879 qui sont cités dans *La Parfaicte Amye* p. 16 note 2 et p. 25 note 2. Pour ce qui concerne le deuxième cas, voir les vers 437 sq et 378 sq, cités dans *La Parfaicte Amye* p. 13, note 1 et p. 15 note 1.

Les rapports entre les poèmes ne sont finalement plus compris qu'à travers le postulat d'une opposition radicale des œuvres sur le plan moral. L'exemple le plus frappant est la citation des vers 881-884 de *L'Amie* à la fin du premier livre de *La Parfaicte Amye*, au moment où le personnage d'Héroet évoque la mort de son amant. Dans le poème de La Borderie, ces vers décrivent l'amour au sens où l'entend aussi la Parfaicte Amye, et l'évocation de la mort physique de «l'un ou l'autre» des amants sert à introduire, toujours dans ce passage de *L'Amie de court*, l'idée de l'immortalité de l'amour. Dans son commentaire, F. Gohin atténue la dimension d'immortalité qui appartient bien à la conception amoureuse exposée par l'Amie – ce n'est, selon lui, qu'un «amour heureux et durable» – pour souligner la faiblesse morale de *L'Amie de court* par rapport à *La Parfaicte Amye*:

> Mais l'idée qui sert à La Borderie de conclusion sert ici à Héroet de transition: les développements suivants achèveront d'opposer à l'amour très positif de *L'Amie de court* l'amour très pur et très détaché des jouissances terrestres de la *Parfaicte Amye*. [1]

Or, dans cet exemple, ce ne sont pas seulement les similitudes en ce qui regarde la notion de «parfait amour» qui se trouvent occultées, c'est aussi la dynamique interne du discours de l'Amie. Les images qu'elle évoque la conduisent à concevoir, par réaction, «l'amour céleste», et ceci la rapproche de la Parfaite Amye, ou du moins de ce que celle-ci nous apprend sur son cheminement spirituel. Ces ressemblances, qui s'accordent mal avec la thèse d'une opposition radicale des poètes à propos de l'amour, s'expliquent pourtant dans l'optique du courant antérotique. Mais l'interprétation de F. Gohin s'est si bien imposée qu'à son exemple, l'ensemble de la critique – y compris la

---

1 F. Gohin, éd. cit., p. 35 note 1.

critique féministe qui se montrera pourtant plus favorable à l'héroïne de La Borderie – ignorera en règle générale le dernier mouvement de *L'Amie de court*[1].

Le second argument de la thèse du scandale consiste à dire que le poème et l'héroïne projettent dans le public une image négative de la dame de cour, au moyen surtout d'allusions parodiques à l'idéologie propagée par le *Courtisan* de Castiglione, devenu depuis peu la bible des gens de cour[2]. Or, aucun des «contradicteurs» de La Borderie, ni Héroet ni Fontaine, ne se présentent comme des défenseurs du *Courtisan* et de la dame de cour. Bien que la Parfaicte Amye, par sa connaissance des usages mondains et l'élégance avec laquelle elle s'exprime, appartienne sans doute à la noblesse, le modèle de conduite qu'elle propose n'est associé ni à la cour ni à aucun ordre en particulier, mais plutôt à une philosophie: le néo-platonisme. La Contre Amye, quant à elle, est fille de marchand et elle considère que l'Amie est représentative d'un certain libertinage courtisan que son milieu désapprouve: elle oppose la décence

---

1 La plupart des critiques ont adopté et suivent encore aujourd'hui la vision de F. Gohin, notamment V. L. Saulnier dans son introduction à la *Comédie de Mont-de-Marsan* de Marguerite de Navarre et, encore récemment, E. Balmas et Y. Giraud dans *De Villon à Ronsard* (Paris, Arthaud, 1991). M.A. Screech, dont nous analysons l'interprétation ci-dessous, fut un des premiers, en 1959, à réfuter la thèse du scandale. Il y a deux ans, G. Defaux (éd. cit., II, p. 933 et 936) invitait à revoir l'interprétation reçue de la Querelle des Amyes à la lumière de la problématique du «ferme amour». La plus récente étude sur *L'Amie de court* (1994), celle de R. D. Cottrell, va dans ce sens, montrant qu'il faut rattacher le poème de La Borderie au mouvement évangélique et au courant «antérotique».

2 «... c'est de ce livre (*Le Courtisan*) qu'il a tiré la matière de son poème; les détails curieux que donne Castiglione sur les galanteries dont les dames sont l'objet à la cour et sur les complaisances qu'elles montrent, ont été repris par La Borderie, non plus pour les condamner, mais pour les justifier; toutefois, l'exagération des traits et l'effronterie des aveux semblent toujours faire tourner l'apologie en satire.» éd. cit., p. XXV-XXVI

«bourgeoise» à l'excès de liberté des gens de cour. En fait, les préjugés sur les courtisans et le milieu de la cour transparaissent dans les autres poèmes autant, sinon davantage, que de *L'Amie de court*. On pourrait presque soutenir, à l'inverse de F. Gohin, que La Borderie ne faisait qu'exprimer sous forme satirique ce que ses prétendus contradicteurs allaient dire sur un ton sérieux[1].

Ainsi, sur le plan des modèles de conduite féminine, l'Amie n'est guère plus scandaleuse que la Parfaicte Amye, qui s'élève également contre le sort réservé à la femme. Selon elle en effet, le mariage est une condition imposée par la famille, qui exclut toujours l'amour. La Parfaicte Amye confond ce sentiment avec l'estime, la seule valeur à ses yeux étant le mérite intellectuel; elle ne se fait aucun scrupule d'aimer un autre homme que son mari, puisque ce dernier est médiocre tandis que l'autre possède des qualités supérieures; elle accepterait que son amant commette quelques infidélités; elle imagine sa mort afin de mieux sentir leur union spirituelle, etc. La Parfaicte Amye s'exprime sans doute de manière plus sublime que l'Amie de court, mais toutes deux s'accordent dans leur rejet commun de «l'amour populaire» fondé sur l'attrait physique et sentimental[2], qu'elles opposent à l'«amitié parfaite». La différence entre les deux personnages est que l'une a trouvé cet amour tandis que l'autre, la plus jeune, ne parvient qu'à l'imaginer à la fin de son discours. L'une et l'autre réclament le droit de façonner elles-mêmes leur existence. Enfin, la Parfaicte Amye s'oppose bien moins aux dames galantes qu'aux

---

1 Voir à ce sujet la thèse de M. A. Screech, (art. cit.) que nous discutons ci-dessous.

2 A l'exception des *Contes amoureux* de Jeanne Flore, les romans sentimentaux de l'époque, inspirés de la *Fiammette* de Boccace, décrivent toujours «l'amour à reproche», c'est-à-dire l'amour sensuel et conçu hors du mariage, comme voué à l'échec s'il n'est pas sublimé en «honneste amour».

«superstitieuses» qui jugent d'après les apparences, ce qui la rapproche encore de l'Amie de court au lieu de l'en éloigner. En somme, il y avait autant matière à «scandale» dans le poème d'Héroet que dans celui de La Borderie, en dépit, ou plutôt à cause du platonisme, système de pensée au moyen duquel l'Humanisme justifie la prétention de l'esprit humain à dominer le monde de manière absolue.

En vérité, la thèse du scandale porte la marque d'une conception romantique du débat héritée du XIXe siècle. Si de semblables querelles ont bien eu lieu au XVIe siècle, nous avons aussi de nombreux exemples de polémiques purement rhétoriques, dans lesquelles les mêmes auteurs ont successivement soutenu un point de vue et le contraire[1]. Aussi, si Querelle il y eut, il semble que ce fût essentiellement au niveau de la fiction ou, comme l'on disait alors, des «inventions». Il n'y aurait donc pas lieu de considérer ces poèmes comme le reflet de dissensions personnelles entre les auteurs.

Il convient donc de dégager la Querelle des Amyes de la vision polarisante dont les textes et les auteurs sont aujourd'hui prisonniers pour privilégier les ressemblances inexpliquées, qui participent elles aussi de la signification générale des œuvres. Puisque *L'Amie de court* n'est pas le seul poème à rejeter la conception «vulgaire» de l'amour, ce point de vue, partagé par la Parfaicte Amye, la Contre Amye et l'Honneste Amant, permet de rattacher tous les textes à la même configuration «antérotique» et anti-pétrarquiste, c'est-à-dire autorise à les rapporter à une problématique plus ancienne et plus large, débordant la critique de la moralité

---

[1] Par exemple Symphorien Champier prend parti en faveur des femmes dans *La Nef des dames vertueuses* et contre elles dans *La Nef des Princes*. Charles Fontaine, qui se prononce contre l'acceptation des présents dans *La Contre Amye*, en défend l'usage dans sa *Responce* à A. Papillon qui avait critiqué les dames de Paris.

des dames de cour. L'anti-pétrarquisme se présentait alors comme un mouvement refusant la complaisance à l'égard des états mélancoliques causés par l'amour, complaisance que les imitateurs de Pétrarque exploitaient et entretenaient dans le public. Entre 1540 et 1550, cette opposition se précise parmi les poètes français. Les pièces de la Querelle introduisent explicitement l'exigence, que réalisera plus tard Pontus de Tyard, d'un approfondissement philosophique de l'expérience amoureuse. La lecture *intégrale* et la confrontation des poèmes devraient permettre de mieux comprendre que la Querelle des Amyes se compose d'«inventions» poétiques montrant la rareté de «l'amour chaste», auxquelles les imprimeurs ajoutèrent plus tard des compositions qui traitaient du même sujet ou de thèmes apparentés.

Notons par ailleurs qu'il n'existe, pour étayer la thèse du scandale, aucun témoignage de réprobation de La Borderie ou d'une réception négative de *L'Amie de court*. Au contraire, tous les commentaires de l'époque font unanimement l'éloge du poème et de son auteur. Outre l'hommage d'Estienne Dolet rapporté ci-dessus, on peut signaler un dizain de Claude Collet publié en 1546, que Gohin cite lui-même, sans remarquer qu'il contredit sa thèse:

> Tous ceulx qui ont vu la perfaicte amye
> Peuvent juger estre un œuvre perfaict:
> *L'amye aussi de cour non endormye*
> *Merite bien grand louenge en effect;*
> La contr'amye est un œuvre bien faict,
> Et le nouvel amour semblablement.
> *Bref tous ceulx la ont escrit haultement*
> De Cupido et de Venus aussi.
> Mais si d'iceux as eu contentement,
> Moins n'en auras en lisant cestuy-cy.[1]

---

1 *Le Tuteur d'Amour auquel est comprise la fortune de l'innocent en amours, composé par Gilles d'Aurigny dit le Pamphile...* (Paris, Arnoul

Et s'il fallait en apporter une meilleure preuve, nous n'aurions qu'à citer ces vers de Charles Fontaine, son plus ardent «adversaire» selon Gohin:

> Et si tu dis qu'à l'amie de Court
> J'ay respondu, je te dy, brief et court,
> Qu'*elle a propos et grace trop meilleure*
> Que cet amant[1] qui pour elle labeure.
> Et je, voyant qu'*elle estoit en hault pris*,
> A la response appliquay mes espritz,
> Querant l'honneur qu'un Poëte doit querre
> Quand par ses vers *aux plus grans* livre guerre,
> Qui n'espand sang, dont les combatans ont
> La paix au cœur, et *toujours amis sont*.[2]

Ainsi, bien loin d'avoir causé l'éjection de La Borderie, *L'Amie de court* semble plutôt avoir confirmé l'appartenance de «l'audacieux poète» au Parnasse français.

Le fait que les contemporains de La Borderie apprécièrent les qualités littéraires de *L'Amie de court*, que certains parvinrent même à y puiser de «bons enseignements sur la chasteté d'amour», devrait nous inciter à approfondir la lecture qu'on nous propose généralement de cette œuvre; car la thèse du scandale s'avère impuissante à expliquer le «plaisir du texte», sa capacité de répondre aux attentes du public de 1540 à 1570.

En fait, en dehors de *La Contre Amye*, il existe un autre texte du XVIe siècle qui offre, mais de manière si voilée qu'elle est probablement passée inaperçue, une perception

---

l'Angelier 1546) f. 3 r°: «Dixain de Claude Collet Champenoys au Lecteur»; cité par F. Gohin, éd. cit., p. XXXVIII note.

1 Il s'agit de Paul Angier, qui avait pris la défense de l'Amie sous le nom de l'Honneste Amant. Charles Fontaine s'adresse ici à Guillaume des Autels pour le dissuader de répliquer à Angier, parce que son poème ne vaut pas *L'Amie de court*.

2 C. Fontaine, *Ruisseaux*, (Lyon 1555), p. 230 f. (cité par M. A. Screech, art. cit., p. 105, note).

négative de *L'Amie de court*: il s'agit du *Fort inexpugnable de l'honneur femenin* de François de Billon. A ce sujet, il y a lieu de noter que l'habitude de démembrer *L'Amie de court* ne date pas du XXe siècle et qu'on peut presque parler d'une tradition puisqu'on la repère au siècle dernier[1] et au XVIe siècle déjà, chez Charles Fontaine et François de Billon.

La Contre Amye de Ch. Fontaine ayant pour objet de critiquer la «morale» enseignée par l'Amie de court, le dépeçage du poème et le montage de citations, procédés polémiques courants, sont pour ainsi dire attendus. Les choses sont beaucoup moins claires chez François de Billon, qui cite à trois reprises le poème de La Borderie pour appuyer ses thèses philogynes, apparemment sans intention de dénigrer le poème[2]. En réalité, dans chacune des occurrences se cachent des manipulations du texte qui paraissent indiquer une réception à tout le moins mitigée de *L'Amie de court* par Billon.

Dans une première citation, explicitement identifiée dans le texte comme provenant de *L'Amie de court* (v. 683-691), Billon a substitué au dernier vers, «Et vous le metz en propos & en grace», un vers de son invention: «Tant qu'en Honneur chacun autre il surpasse». Ce changement, en apparence anodin, annule tout bonnement l'ambivalence du passage cité, dans lequel le mot «honnête» peut être pris ironiquement, puisque l'Amie décrit comment elle s'amuse à rendre amoureux d'elle les jeunes gens inexpérimentés. Grâce à la transformation du dernier vers, le passage cité illustre la thèse de Billon selon laquelle, sans les femmes, les hommes n'auraient aucun sens de l'honneur.

---

1 Paul Auguis dans son anthologie intitulée *Les Poètes français depuis le XIIe siècle jusqu'à Malherbe* (Paris, 1824) publie une version apparemment complète de *L'Amie de court* qui est en réalité un montage des principales parties du poème.

2 François de Billon, *le Fort inexpugnable de l'honneur femenin.* (Paris, J. d'Allyer, 1555), p. 67 v°; p. 80 v°; p. 142 v°.

La seconde citation (v. 795-804) est exacte, mais faussement attribuée à une «gentifemme» anonyme mariée à un fâcheux. La troisième enfin est un pastiche des vers 805-807, qui fait dire à l'Amie le contraire de ce qu'elle soutient dans tout son discours:

> La ou Amour dresse son habitacle
> Facillement on peult rompre l'obstacle
> De tout malin & vicieux Esprit[1]

Ceci pour montrer que «les Femmes ordinairement sont plus Amoureuses & moins labiles en leur Inclination d'Aymer, que les Hommes.» On trouverait difficilement une œuvre moins propre à illustrer ce propos que *L'Amie de court*, et choisir ce poème parmi tant d'autres relevait du paradoxe: mais en le subvertissant de façon discrète comme il le fait, Billon parvient à mettre au service de sa cause cette figure populaire – «votre» Amie de court, dit-il – qui la contredisait si radicalement. On relève en outre dans le livre quelques expressions et tournures de phrases qui paraissent empruntées au discours de l'Amie.

Tronquée ou faussée, la citation de *L'Amie de court* chez François de Billon subvertit le texte, sous couleur d'en reconnaître l'autorité. Le fait que cette subversion se dissimule sous les apparences de la citation et de la louange renforce quelque peu l'hypothèse d'une réception positive de l'œuvre: peut-être Billon ne souhaitait-il pas attaquer ouvertement un texte qui avait obtenu la faveur du public, comme le donnent à penser les témoignages rapportés ci-dessus ainsi que les nombreuses rééditions de l'œuvre qui vont se succéder jusqu'en 1568. Reste à savoir, maintenant, ce qui plaisait tant au lecteur de 1540 dans *L'Amie de court*.

---

[1] Comparer avec les vers 805-807: «Car ou Raison dresse son habitacle/ Facillement on peult rompre l'obstacle/ De tout erreur qui cache sa lumiere.»

2. Une satire.

Dans un article publié en 1959, Michael Screech propose une interprétation de la Querelle des Amyes qui s'éloigne de la thèse du scandale[1]. A la différence de F. Gohin, Screech ne voit pas dans la Querelle une véritable polémique, mais un échange purement littéraire entre écrivains partageant la même philosophie. La Borderie aurait choisi de représenter une coquette en faisant son éloge paradoxal pour mieux stigmatiser ce vice. On ne peut donc pas, explique Screech, imputer à l'auteur les défauts de son personnage; quant aux autres poètes, en désapprouvant la conduite de l'Amie, ils vont dans le même sens que La Borderie. Il n'y a donc pas lieu de marginaliser l'auteur de *L'Amie de court*[2]. La Querelle des Amyes n'a donc été qu'une «joute littéraire» entre amis. Evidemment, par la suite, *L'Amie de court* allait être mal interprété. La Borderie aurait dû avertir le public que ce n'était pas lui, mais «une scélérate» qui parlait dans son poème.

Cette thèse a tout d'abord le mérite de mettre en garde contre la confusion des points de vue de l'auteur et du personnage, confusion qui avait conduit Gohin à imaginer la «disgrâce» de La Borderie. Son autre intérêt est de rappeler le statut *comique* de l'œuvre, occulté par la thèse du scandale. On hésite cependant à réduire le débat au seul domaine «littéraire» – pourquoi, d'ailleurs, cet adjectif aurait-il un sens restrictif? – et surtout à identifier la coquetterie de la dame de court comme l'objet de la satire, car cette lecture ne rend pas compte de nombreux traits spécifiques au texte. Par exemple, comment le dernier mouvement s'accorde-t-il avec une satire

---

[1] M. A. Screech, «An Interpretation of the Querelle des Amyes», *Bibliothèque d'Humanisme et Renaissance* 1959 (21), p. 103-130.

[2] M. A. Screech, art. cit., p. 108: «Since La Borderie's portrait is a satirical one, those poets who attack what Amye de Court stands for may well be furthering not opposing his moral intentions.»

de la coquetterie? Que faire de l'éloge de la cour, du raisonnement féministe, du sens de «l'honneur» que l'Amie affirme sans cesse? Car d'après Screech, elle ne serait que vénale et cynique, et résisterait aux modèles de conduite prônés par *Le Courtisan*. Le refus de «folle amour» participe-t-il ou non de la satire? Et si oui, comment cela peut-il s'expliquer, quand le même refus apparaît dans d'autres textes de l'époque, sans aucune valeur satirique? Retenons en tout cas contre cette interprétation que, loin de critiquer les nouvelles doctrines qui séduisent alors la société de cour, l'Amie les partage, les défend même, contre des conceptions plus traditionnelles de la femme et de l'amour.

L'article de Screech a eu plus d'écho dans la critique anglo-saxonne que du côté français, où l'on est peut-être plus fortement attaché à la thèse du scandale. Pour P.-M. Smith, par exemple, *L'Amie de court* est incontestablement une satire. Dans son étude sur le courant anti-aulique au XVIe siècle, où elle montre que cette veine se renouvelle à la Renaissance, Smith compte *L'Amie de court* parmi les œuvres les plus représentatives du renouveau[1]. Le poème et l'auteur visent selon elle les nouveaux usages de politesse qui gagnaient la cour sous l'influence de Castiglione, et ce faisant, rejoignent les thèmes classiques de l'anti-aulisme. Tenant *Le Courtisan* pour l'expression de la modernité, Smith range La Borderie du côté des réactionnaires[2].

Cette lecture réconcilie les hypothèses de Gohin – qui, dès 1909, avait identifié comme satiriques les allusions au *Courtisan* dans *L'Amie de court* – et celle de Screech, qui fait du poème de La Borderie une satire à part entière. Mais elle attribue toujours un point de vue réaliste à l'auteur et

---

1 P. M. Smith, *The Anti-Courtier Trend in Sixteenth Century French Literature*, Genève, Droz, 1966.

2 Smith, *op. cit.*, p. 36-7, rapproche La Borderie de Noël du Fail, qui avait attaqué le 3e livre du *Courtisan*.

continue de voir dans le poème une critique de la cour et de l'idéologie qui se mettait alors en place, c'est-à-dire d'imputer à La Borderie l'intention de lutter contre les nouveaux modèles de conduite féminine en en faisant la satire.

Une étude plus récente d'A. Tomarken apporte quelques nuances aux thèses de Screech et de Smith[1]. Tomarken tient *L'Amie de court* pour un des textes les plus représentatifs du genre de l'éloge satirique: il prend la forme de l'éloge de comportements et de désirs réprouvés par la société ou par la morale – la coquetterie, l'amour de l'argent, le narcissisme, l'égocentrisme – et inversement, il discrédite ce que la société valorise – la supériorité masculine, la fidélité, l'expression passionnée du sentiment. En d'autres termes, l'œuvre défend un paradoxe, conformément à la principale règle du genre. Comme le parasite Gnatho dans *L'Eunuque*, la jeune fille tente de faire passer son mode de vie pour le meilleur, dissimulant bien entendu les embarras et les sacrifices que lui impose sa coquetterie. L'éloge satirique parodie souvent d'autres genres ou des œuvres connues, comme le fait *L'Amie de court*, qui s'apparente au *Doctrinal* en empruntant aussi au sermon, puis au *raggionamento* arétinien, au roman allégorique et sentimental, sans compter les allusions au *Courtisan*. Un dernier trait incite enfin à ranger *L'Amie de court* dans la même catégorie que *L'Eloge de la Folie*: c'est l'alternance du sérieux et du comique. Comme l'explique Tomarken (p. 88), on trouve souvent dans l'éloge satirique des passages didactiques ou bien une déclaration finale contradictoire signalant la position réelle de l'auteur et son désaveu des opinions émises par son personnage. En extrapolant quelque peu l'analyse de Tomarken, on pourrait considérer que la métamorphose du personnage dans le

1 A. Tomarken, *The Smile of Truth: The French Satirical Eulogy*, (Princeton, Princeton University Press, 1990), p. 107-111.

dernier mouvement remplit cette fonction de «dévoilement» de la position de l'auteur.

De fait, le discours de l'Amie est traversé d'ambiguités qui invitent continuellement à une double lecture, sérieuse et facétieuse, cynique et naïve, sans qu'il soit possible de résoudre complètement ces contradictions. Comment ne pas condamner cet étalage de coquetterie et de cynisme? De l'autre côté, certaines remarques sensées, sur la moralité des femmes ou sur la raison qui distingue l'homme de l'animal, et surtout le renversement final, quand l'Amie espère bientôt connaître l'amour céleste, atténuent constamment la négativité du personnage. Le poème chercherait-il donc à établir entre l'énonciatrice et le lecteur une relation mouvante, faite de connivence et de rejet?

Nous voici en fait confrontés à la question principale que soulève le statut satirique du poème: s'il s'agit d'une satire, de quoi, de qui se moque-t-on précisément ici, et quelle finalité morale poursuit-on? Les critiques ne s'accordent pas sur ce sujet. Selon Screech, La Borderie attaquerait certaines personnes de la cour hostiles aux nouvelles conceptions de l'amour et du rôle de la femme. Pour P.-M. Smith, au contraire, c'est l'héroïne qui applique ces doctrines, tandis que c'est l'auteur qui cherche à les ridiculiser. Faut-il donc abandonner cette perspective et, centrant la lecture sur d'autres traits, lire *L'Amie de court* comme une œuvre sérieuse, voire d'inspiration religieuse[1]?

En fait, c'est la position de Smith qui colle de plus près au texte: l'Amie a fait siennes des idées et des doctrines que la littérature de l'époque véhiculait largement dans les milieux mondains. Toutefois, il ne s'ensuit pas nécessairement,

---

[1] R. D. Cottrell (art. cit.) propose une interprétation qui intègre les éléments laissés de côté par Smith et Screech, entre autres le dernier mouvement, mais il n'explique pas comment ces éléments se concilient avec le statut satirique du poème qu'il ne remet pas en cause.

comme le veut Smith, que La Borderie visait ces doctrines à travers son personnage. Il semblerait plutôt qu'il ait voulu ridiculiser une mode récente, le conformisme du «nouvel amour», le fantasme d'une relation désensualisée dans laquelle la femme dominerait. Allégorie du plaisir, son personnage met les idées les plus avancées au service de sa conception hédoniste de l'existence. Moins caricature que portrait plaisant d'une jeune mondaine «à la page» et inconsciente de ses contradictions, *L'Amie de court* ne représente pas le type immuable et universel de la dame de cour coquette et vénale, mais bien plutôt un travers contemporain, l'adoption superficielle de nouveaux modes de pensée et du système de valeurs apporté par le courant néo-platonicien, en particulier la doctrine de «l'amour chaste», dont l'Amie développe littéralement le fantasme à la fin de son discours. *L'Amie de court* est une satire qui stigmatise la vulgarisation du «nouvel amour» parmi les gens de cour.

3. Féminisme.

Les lecteurs auront sans doute été frappés par la résonance «féministe» de plusieurs passages du discours de l'Amie, par exemple:

> La femme doibt par sa seule nature
> Estre gardée, & non par prison dure.
> Enfermez la quelque part que vouldrez
> Il est bien vray que le corps vous tiendrez:
> Mais l'esperit en liberté vivra,
> Et maulgré nous son naturel suyvra,
> (v. 393-398)

ou encore cette protestation contre le vol de la liberté des femmes par les hommes, qui, selon l'Amie contrarie l'ordonnance divine du monde:

Cela provient qu'il est tout manifeste
La liberté estre present celeste,
Que dieu voulut esgallement offrir
A tous vivans, dont ne povons souffrir
Qu'elle nous soit usurpée des hommes
Qui ne sont dieux, ny riens plus que nous sommes.
Car de tollir ce qu'ilz n'ont point donné
Seroit statut assez mal ordonné,
Plus procedant d'injuste tyrannie
Que d'equité:

(v. 411-420)

et enfin ce dernier, dans lequel l'Amie se plaint de la Nature qui aurait dû réserver la soumission aux femmes malhonnêtes au lieu de l'imposer à toutes sans distinction:

Je me complainctz d'ung erreur de nature,
Puis qu'en faisant l'humaine creature
Elle voulut nostre povoir ravir,
Et à celluy des hommes l'asservir.
Que ne feit elle au moins distinction
Entre le vice & la perfection :
En exceptant toutes dames honnestes
Du traictement des lourdaulx & des bestes.

(v. 449-456)

La tentation est grande de faire une lecture féministe du poème en s'appuyant sur de telles déclarations.

C'est ce que fait M.-T. Cuyx-Barnes, auteur d'une thèse sur la Querelle des Amyes soutenue en 1974, qui interprète *L'Amie de court* au premier degré, comme l'illustration des principes de conduite «modernes» que préconisait *Le Courtisan*. Selon elle, les contemporains ne pouvaient pas admettre la liberté que les nouvelles mœurs importées d'Italie accordaient aux dames de condition sociale élevée. L'enjeu de la Querelle aurait été pour La Borderie de propager la nouvelle éthique féminine, et pour ses adversaires de confirmer l'acceptation par la femme de la suprématie masculine et des règles de conduite traditionnelles:

> Il y a dans cette querelle tout un système de défense du mâle qui veut conserver son hégémonie sur la femme qu'il aime contre l'expression d'une nouvelle attitude féminine autorisée par *Le Courtisan* qui va libérer la femme noble, sinon dans les textes légaux, du moins dans des coutumes nouvelles qu'il lui permet d'accepter.[1]

L'invention, par Gohin, d'une levée de boucliers contre La Borderie est toujours à l'œuvre dans cette thèse, à cette différence près que M.-T. Cuyx-Barnes laisse filtrer sa sympathie pour l'auteur de *L'Amie de court*. Selon elle, Héroet et Fontaine seraient les porte-parole d'une réaction identifiant en l'Amie une menace pour l'autorité de l'homme sur la femme et désireuse de rétablir le respect de l'ordre. Elle met donc en évidence, dans son analyse de *La Parfaicte Amye* et de *La Contre Amye*, les propos qui confirment la supériorité masculine et indiquent un point de vue réactionnaire, pour les opposer à l'indépendance toute «moderne», selon elle, de l'Amie.

On a du mal, cependant, à entériner cette thèse. Tout d'abord, elle part de l'idée que les critiques contemporains, notamment Gohin, Hawkins et Telle, ont négligé les ressemblances de l'Amie avec le portrait de la dame de cour tracé dans *Le Courtisan*. Or, ces critiques ont bien vu les analogies entre la dame du *Courtisan* et l'Amie, et le commentaire de Gohin à *La Parfaicte Amye* en est rempli puisque, suivant ce critique, La Borderie visait directement à contredire Castiglione. C'est aussi l'opinion de la plupart des critiques, que *L'Amie de court* contient des parodies de la doctrine du *Courtisan*.

D'autre part, la lecture que fait Cuyx-Barnes du poème suppose une adéquation des points de vue de l'auteur et de son personnage qui n'est, en fait, qu'une illusion produite

---

[1] *op. cit.* p. 167.

par l'énonciation. En effet, le sujet de l'énonciation, l'Amie, est une figure inventée par l'auteur, qui lui fait tenir des propos qu'il n'endosse pas nécessairement. Les preuves sur lesquelles s'appuie Cuyx-Barnes sont les mêmes qui soutiennent la thèse opposée, celle de P.-M. Smith par exemple, suivant laquelle *L'Amie de court* est une satire de l'idéologie courtisane.

En réalité, il faut écarter comme improbable la finalité «féministe» du poème et nous contenter d'observer, à la suite de Luce Guillerm que:

> L'Amye est dotée d'un pouvoir de fascination qu'il ne faut pas dérober, une femme «libre», ni épouse, ni veuve, ni fille, ni bien sûr religieuse, ni putain non plus, ni Célestine... Hors statut précis, une errance qui est le péril même. Péril restreint, certes, car l'autre, la bégueule (i.e. la Contre Amye), a l'autorité pour elle qu'elle énonce verbeusement. C'est l'autre qui entre au service de l'homme/ patron/ époux/ père de l'idéologie capitaliste. Contre la certitude de cet avenir, l'Amye apparaît confinée dans l'espace ambigu des cours, moderne et archaïque, disciplinaire et permissif, réel et fictif, mirage de liberté dans un spectacle que la monarchie monte. Prestige là encore du jeu. Autant de textes qui concourent pour dessiner la juste place, celle qu'ils laissent vide.[1]

Il serait également impossible, si l'on a bien compris l'analyse de L. Guillerm, d'affirmer d'un côté l'orientation féministe du texte, et de l'autre de passer sous silence l'exigence de liberté qui distingue l'Amie de la Contre Amye. Il ne faut pas oublier en effet que ces arguments, qui ont pour nous l'écho familier de luttes récentes, participent d'une polémique ludique, et que:

---

1 L. Guillerm & alt., *Le Miroir des femmes*. Tome I: *Moralistes et polémistes du XVI*e *siècle* (Lille, Presses Universitaires de Lille, 1983-1984), Introduction, p. 12.

> ... c'est bien comme phénomène «littéraire», quelle que soit la qualité des textes produits, que le problème de la femme au XVIe siècle est perceptible, comme horizon de divertissement d'hommes.[1]

Pourtant, dans leur *Histoire du féminisme français*, Maïté Albistur et Daniel Armogathe, qui consacrent un chapitre à la Querelle, cherchent encore à déterminer quel serait le plus féministe des trois personnages en fonction des critères d'aujourd'hui. Selon ces auteurs, les différences s'expliquent par l'appartenance des trois Amies à des ordres différents: l'Amie de court, la plus sexiste des trois, «est une aristocrate instruite et sûre de son pouvoir, qui a décidé de ne plus être l'esclave des hommes»; la Contre Amye est une bourgeoise plutôt soumise, et la Parfaicte Amye, une «aristocrate de cœur, consciente de sa supériorité sur le vulgaire» [2]. Pour obtenir un équivalent de la femme libérée d'aujourd'hui, il faudrait réunir les personnages de l'Amie et de la Contre Amye, mais laisser de côté la Parfaicte Amye parce «qu'elle est faussement libérée». Des trois figures, la Contre Amye constituerait «le type de femme idéal de la Renaissance, entretenue dans l'illusion pacifiante de la famille patriarcale.» Ces critiques voient eux aussi dans l'Amie «un danger pour la société» et, paradoxalement, «la décadence de la noblesse»[3]. On ne sera donc pas surpris de retrouver, dans l'anthologie des textes féministes que ces mêmes auteurs ont aussi publiée, un extrait de *L'Amie de court*, dont on nous apprend qu'il est inspiré «par une nette ambition féministe»[4].

---

[1] *ibid.*

[2] M. Albistur et D. Armogathe, *Histoire du féminisme français* (Paris, Editions des femmes 1977), p. 98-9.

[3] *ibid.*

[4] M. Albistur et D. Armogathe, *Le Grief des femmes* (Paris, Editions Hier et Demain, 1978), p. 39-40. Les passages cités de *L'Amie de court* sont les vers 377-394; 411-421; 448-492.

En réalité, La Borderie fait tenir à son héroïne des propos que l'on rencontre souvent dans les romans. Les mariages forcés, l'enfermement des filles par leur père, puis par leur mari, leur délivrance par un chevalier sans peur et sans reproche, l'intolérance des jaloux, leurs soupçons, les insultes et les mauvais traitements, ces sujets alimentent depuis toujours les lais, les chansons, les dits et les romans. Les récits chevaleresques, dont l'issue est souvent plus heureuse pour la femme que pour son mari, montrent que l'abus de l'autorité dresse les maris contre la nature, la raison et la justice: d'où leur châtiment qui varie du simple ridicule au cocufiage, et même à la mort. Dans tous les cas, les excès dénoncés sont généralement attribués aux individus et n'entraînent pas une remise en question sérieuse de l'ordre social lui-même. Ces critiques prennent cependant de l'ampleur au XIIIe siècle, en particulier dans le *Roman de la Rose*, à partir duquel l'institution du mariage commence à être directement attaquée, soit par les clercs, soit par les laïcs, pour des raisons opposées mais qui prennent très souvent appui sur les mêmes arguments et sur les mêmes exemples d'abus de pouvoir.

La Vieille du *Roman de la Rose*, pour ne prendre que la plus importante de ces figures, soutient qu'il est dans la nature de la femme et de l'homme de se donner à qui leur plaît. Elle explique que la monogamie fut instituée pour pallier les excès auxquels conduirait l'état de nature dans lequel naissent les hommes et les femmes; mais de ce moyen d'assurer l'ordre, les sociétés ont fait une prison pour les individus. :

> ... les femmes sont nées libres: c'est la loi qui leur a imposé certaines conditions, les arrachant à la liberté dans laquelle la nature les avait placées, car la nature n'est pas si sotte qu'elle fasse naître Marotte uniquement pour Robichon – si nous y réfléchissons – ni Robichon pour Marotte, pour Agnès ou pour Pierrette. Au contraire, elle nous a fait, n'en doutez pas, cher fils, toutes pour tous et tous pour toutes,

> chacune commune à chacun, si bien que, lorsqu'elles sont engagées, prises dans les liens légaux et mariées afin d'éviter les dissensions, les désordres et les meurtres, et pour aider à l'éducation des enfants dont les conjoints ont la charge ensemble, elles s'efforcent de toutes les façons possibles de retourner à leur liberté originelle, les femmes, quelles qu'elles soient, laides ou belles. Elles conservent leur liberté dans la mesure où elles le peuvent: un grand nombre de maux en viennent et en viendront encore, comme ils sont arrivés à plus d'un jadis.[1]

Si, d'un côté, l'institution du mariage se justifie parce qu'elle «corrige» l'excès de la nature, malheureusement la femme qui se sent «mise en cage» dans le mariage cherchera par tous les moyens à retrouver sa liberté perdue:

> Quand le petit oiseau du vert bocage est capturé et mis en cage, qu'il y est nourri délicatement et entouré de soins, il chante, tant qu'il restera en vie, d'un cœur gai, à ce qu'il vous semble: pourtant il a la nostalgie du bois touffu qu'il a aimé de naissance, et il voudrait être perché sur les arbres, quelle que soit l'excellence des nourritures que l'on puisse lui offrir. Toujours il pense et s'ingénie à retrouver sa liberté: il piétine sa nourriture sous le coup du désir qui oppresse son cœur, et il va parcourant en tous sens sa cage, recherchant avec grande angoisse le moyen de trouver une fenêtre ou une ouverture par laquelle il puisse s'envoler au bois. Aussi sachez que toutes les femmes, qu'elles soient demoiselles ou dames et quelle que soit leur condition, ont une tendance naturelle à rechercher volontiers par quels chemins, par quels sentiers, elles pourraient revenir à la liberté, car elles souhaiteraient toujours la posséder.
>
> p. 817

Les contraintes assimilent le mariage à la vie monastique: malmariées et religieux malgré eux se rejoignent dans le désespoir qui les mène à renier leurs vœux. Ils n'ont d'autre issue que la trahison ou bien:

---

[1] *Le Roman de la Rose* (édition et traduction par A. Strubel. Paris, Livre de poche, coll. Lettres gothiques, 1992), p. 811-13.

> il leur faut vivre dans le chagrin en attendant que la mort les délivre.
>
> p. 819

La plupart des femmes choisissent évidemment la fourberie pour recouvrer leur liberté; et quand elles ont été une première fois convaincues d'infidélité, elles recommencent ensuite sans même plus se cacher: ainsi Vénus après que Vulcain l'eut surprise avec Mars. Le jaloux provoque donc son épouse à le tromper en la soupçonnant et, en découvrant ses infidélités, il se fait plus de tort à lui-même qu'à sa femme, car «elle fera bien pire une fois qu'elle aura été prise sur le fait» (p. 829). Sur ce point, la Vieille réplique indirectement au Jaloux, qui trouvait juste que les femmes soient surveillées étroitement parce qu'elles sont méchantes et naturellement portées à tromper leur mari. La Vieille distingue les femmes vertueuses et celles de mœurs légères, démontrant que les précautions des maris jaloux sont inutiles, voire qu'elles tiennent de la folie, si leurs femmes ne savent pas se garder elles-mêmes:

> Nul ne peut garder sa femme si elle ne se garde pas toute seule. Même si on la faisait garder par Argus et surveiller par ses cent yeux ... sa garde n'y serait d'aucune utilité. Il est fou, celui qui fait garder telle marchandise!
>
> p. 841

Propos que La Borderie replacera presque tels quels dans la bouche de son héroïne, qui est finalement bien réservée en comparaison de la Vieille du *Roman de la Rose*. Ecoutons celle-ci livrer sans pudeur ses fantasmes de jeune fille:

> ... ces jeunes gens qui me plaisaient tant quand ils me faisaient les yeux doux – doux Seigneur, quelle tendresse m'en venait quand ce regard sur moi tombait! – je les aurais tous accueillis, ou plusieurs, s'il leur avait plu et que je l'eusse pu; je les aurais tous voulus l'un après l'autre, si j'avais pu suffire à la tâche; et il me semblait que s'ils

> avaient pu, volontiers, ils m'auraient tous accueillie! – je n'en excepte prélats et moines, chevaliers, bourgeois et chanoines, clercs et laïcs, fous et sages, pourvu qu'ils fussent encore verts – et qu'ils auraient quitté les ordres, s'ils n'avaient pensé échouer en me priant d'amour.
>
> p. 825-27

Ce n'est pas seulement dans *Le Roman de la Rose*, mais dans plusieurs œuvres littéraires antiques et modernes, que la critique de la condition féminine se trouve associée à des figures de moralité douteuse, courtisanes, entremetteuses, intrigantes de tout acabit: toutes ces femmes justifient leur inconduite en accusant les hommes d'abuser de leur pouvoir; comment peut-on les condamner au nom de coutumes iniques qui les soumettent à des tyrans?

Avec la Renaissance on rencontre de plus en plus dans les romans des nobles dames dévoyées par l'amour. La Fiammetta de Boccace, comme son épigone française, l'héroïne des *Angoysses douloureuses* d'Hélisenne de Crenne, imputent leurs malheurs à leur beauté d'abord, puis aux conditions de vie qui leur ont été imposées. Elles enragent contre la coutume qui leur interdit de prendre l'initiative dans les relations amoureuses.

Au XVIe siècle, la critique de la condition féminine devient aussi un lieu commun du discours de personnages féminins émancipés de l'autorité familiale ou matrimoniale. Dans *La Parfaicte Amye* (Livre I, v. 302-352), elle apparaît dans une complainte qui, par contraste avec la sérénité du poème, contribue à humaniser le personnage. Elle est toutefois absente du discours de la Contre Amye qui incarne les valeurs matrimoniales bourgeoises. Les narratrices des *Contes amoureux* de Jeanne Flore n'hésitent pas à souligner dans leurs récits l'injustice de la coutume à l'égard des femmes, tandis que des ouvrages comme *Le Courtisan* dénoncent l'autorité que les hommes détiennent injustement sur les femmes[1].

Ces protestations souvent éloquentes interviennent la plupart du temps comme *excusatio* ou comme *complainte* à l'intérieur des récits-confessions, quand la «victime» - ou celle qui parle en son nom - veut rappeler que les choses ne sont pas près de s'améliorer; le *topos* souligne donc pathétiquement l'impuissance des femmes à se libérer des tyrans et les malheurs qui en découlent pour les individus et pour la société; ou bien il montre l'inanité de la révolte contre un ordre perçu comme immuable. Si nous mettons à part quelques traités importants, comme ceux de Christine de Pisan qui sont déjà clairement féministes, le thème n'avait pas dans les œuvres de fiction de la Renaissance la résonance révolutionnaire qu'il a prise par la suite. Quant aux ouvrages démontrant la supériorité des femmes, ils se situent dans une tradition philogyne plutôt que féministe: ainsi tous ces «champions des dames» qui prolifèrent au XVe et au XVIe siècle[2].

Que penser, alors, de la coloration «féministe» de *L'Amie de court*? Faut-il tout bonnement l'ignorer? La mettre au compte de la tradition littéraire? La réduire à un lieu commun hérité de la Querelle des femmes? Regardés de près, les propos de l'Amie apparaissent liés à une apologie du plaisir plutôt qu'à une demande de justice. La jeune fille qui

---

1 Voir *Le Courtisan*, p. 247: «Ces pauvres créatures», répondit incontinent Julien le Magnifique, «ne désirent pas être un homme pour se rendre plus parfaites, mais pour avoir la liberté et fuir le pouvoir que les hommes se sont arrogé sur elles de leur propre autorité.»

2 Nous empruntons cette distinction entre féminisme et philogynie à Gérard da Silva, *De l'égalité à l'équité* (Paris, L'Harmattan, 1995), p. 251-52: «La confusion est régulière entre ces deux options mais en fait elles s'excluent. L'une veut garder la Cité en l'état (et en reformuler les symboles), l'autre veut la transformer et que le changement social soit lié au symbolique.»(p. 252). Voir aussi M. Angenot, *Les Champions des dames* (Québec, Presses de l'Université du Québec), 1977.

fait flèche de tout bois dans son discours emploie ces arguments «féministes» pour convaincre son public que le plaisir en général, et celui de séduire en particulier, est la valeur suprême de la vie. Elle ne revendique que la liberté de gérer comme elle l'entend son capital érotique et de s'entourer d'admirateurs. Si quelque chose la gêne dans le mariage, c'est la possibilité de tomber sur un de ces maris asociaux qui l'empêcherait de poursuivre ses jeux. Voilà pourquoi elle se lance dans une diatribe contre les «lourdeaux» qui interdisent à leur femme d'aller dans le monde et se prétendent les gardiens de l'honneur de leur épouse. Elle ne méprise pas absolument la vie conjugale, mais quand celle-ci se réduit «à paistre les oysons» loin du luxe et des plaisirs de la cour, elle la dénonce comme un châtiment injuste, que l'on devrait réserver aux femmes malhonnêtes. Si elle ne remet pas en question le mariage, c'est parce qu'elle en attend la sécurité – comme bien des parents de l'époque – et qu'il lui garantisse, une fois passée la fleur de l'âge, tout ce dont elle aura besoin pour continuer à mener une vie mondaine. Elle imagine le mari idéal comme un homme riche et qui comprenne la vie à sa manière; mais à défaut de trouver ce mari-là, elle s'accommodera d'un bon parti, qu'elle essayera de «domestiquer». La perspective d'échouer dans son projet la mène au désespoir et, parvenue au fond du gouffre, c'est encore la volonté de plaisir qui la sauve. Elle imagine alors qu'elle connaîtra un mariage d'amour, qui sera le couronnement de la beauté que les dieux lui ont accordée:

> Tant je me fie en la bonté haultaine
> Que d'avoir mieulx je suis toute certaine.
> Les dieux ne m'ont de grace tant douée
> Pour me vouer en fin estre vouée
> A naviguer en si forte tempeste.
> Le mien mary sera saige et honneste,
> Tant excellent, j'en suis bien asseurée,
> Que sa valleur ne sera mesurée

Suffisamment de langue ny d'esprit:
Avec lequel si jamais femme aprit
Vivre contente en honneur & en gloire,
Ou s'il est juste & licite de croire
Qu'on doibve aymer, telle alors je seray
Et de sentir l'Amour commenceray:
v. 849-862

L'Amie de court ne saurait s'interpréter seulement à partir de la présence de l'argument féministe, comme un texte militant pour la cause des femmes, ne serait-ce que parce que cet argument sert avant toute chose à soutenir la conception ludique qu'a l'héroïne de l'existence. Comme une enfant qui, pour se gaver de gâteaux, ferait appel à la valeur énergétique du sucre, elle invoque de fort bonnes raisons pour justifier l'objectif qu'elle poursuit, le plaisir et la satisfaction de son narcissisme. Quand elle prévoit de «domestiquer» son mari, et qu'elle se lance dans de savantes distinctions entre l'homme et l'animal, son but est d'amener son éventuel mari à se conduire selon sa raison particulière, une raison qui accorde aux plaisirs mondains la priorité sur les obligations conjugales. Le fait que nous retrouvions les mêmes arguments dans *La Parfaicte Amye*, mais mis au service d'une conception beaucoup plus élevée de la femme, encourage à voir dans le discours de l'Amie l'imitation de modèles de conduite et de pensée dans lesquels l'option féministe tenait une bonne part.

Sans aucun doute, le poème de La Borderie innove-t-il en attribuant à une jeune fille de la haute société, encore pucelle et un brin naïve, la critique féministe que la tradition littéraire associait aux vieilles courtisanes et aux entremetteuses[1]. Admettons aussi que le *topos* littéraire qui participait d'une rhétorique du regret acquiert dans *L'Amie de court* une tonalité moderne du fait qu'il apparaît maintenant dans le

---

[1] Voir M. Lazard, *Images littéraires de la femme à la Renaissance* (Paris, P.U.F., 1985), p. 175-76.

plaidoyer d'une jeune fille qui envisage son avenir. La critique de la condition féminine chez l'Amie s'explique néanmoins par la complaisance que montre la jeune fille pour les idées les plus nouvelles, fascination qui rend compte aussi de son refus de «folle amour», de son obsession de «l'honneur» et, comme nous le verrons bientôt, du fantasme de «l'amour chaste».

Chacune des interprétations que nous avons examinées jusqu'ici privilégie une dimension du poème – la vanité du personnage, son féminisme, la critique de l'amour, de la poésie, du mariage – sans parvenir à rendre compte de l'ensemble. C'est à cette tâche que nous allons maintenant nous consacrer, gardant en mémoire que la critique n'a pas vraiment d'autre fin que de découvrir les raisons de l'intérêt qu'une œuvre a suscité parmi les lecteurs de jadis et qu'elle peut encore éveiller chez ceux d'aujourd'hui.

II

L'IMAGINAIRE AMOUREUX DE LA QUERELLE

1. Allégories et déesses.

Dans *L'Amie de court*, les figures de la mythologie classique côtoient les allégories du *Roman de la Rose*. Cette cohabitation pourrait paraître superficielle mais la tradition en est suffisamment ancienne pour qu'on puisse parler d'adoption, voire d'acculturation des mythes dans le discours moral de la fin du Moyen Age. Les œuvres de fiction – comme le *Roman de la Rose* – sont souvent rehaussées de fables antiques qui «illustrent» au sens premier du terme, en le concrétisant, un propos moral. Les ouvrages didactiques eux-mêmes font appel aux mythes, au même titre qu'à des faits historiquement attestés. Les miniatures qui ornent les manuscrits montrent les dieux vêtus à la mode médiévale, évoluant dans des décors familiers aux lecteurs du temps et portant parfois les traits des rois et des princes qui commanditaient les artistes. A partir du XIIIe siècle et jusqu'au XVe, la culture courtoise absorbe elle aussi l'univers mythologique. Pour l'enseignement et le divertissement d'une certaine noblesse cultivée, les interprètes rédigent ou traduisent en langue vulgaire des traités sur les dieux que les artistes ornent de riches illustrations. La Querelle des Amyes participe de cette culture de l'élite sociale, pour laquelle la mythologie, comme l'allégorie, est un des langages dans lesquels s'exprime le savoir sur la vie et le monde.

Pris séparément ou rapprochés les uns des autres, les trois principaux poèmes de la Querelle des Amyes font appel à l'un des mythes les plus célèbres: le concours des déesses Pallas, Junon et Vénus. Les trois Amyes, certaines de leur supériorité sur les femmes ordinaires, se conduisent en effet en déesses, se proposant comme modèles de la meilleure conduite à tenir en amour. Il est intéressant de noter que les mêmes détails descriptifs qui donnent aux personnages une épaisseur «réaliste» dessinent en même temps, en filigrane, la figure des déesses avec leurs attributs.

La blonde héroïne de La Borderie incarne sinon Vénus elle-même, en tout cas une émule de cette déesse, à laquelle la tradition associait non seulement l'amour, mais aussi la jeunesse et les jeux. Adolescente consciente de ses charmes, l'Amie s'amuse à répandre le «poison» de l'amour, tout en s'en préservant elle-même. Son existence se résume à être belle pour séduire et à séduire pour être belle. Elle aime l'argent, les bijoux, les parures, moins par avidité comme on le dit, que par narcissisme, puisqu'en «rehaussant» sa beauté, les atours lui attirent de nouveaux amants qui la confirment dans le sentiment d'être la plus belle et de pouvoir continuer à séduire: «Pour durer belle,» dit-elle candidement, «il m'est doncques permis/ De recouvrer infinité d'amis». Telle Vénus se contemplant dans un miroir, l'Amie ne demande pas autre chose à la vie que de lui renvoyer une image positive d'elle-même. Elle a encore ce trait en commun avec la déesse de l'amour qu'elle représente l'existence oisive, entièrement tournée vers le divertissement: réunions mondaines, plaisanteries, badinage avec les «aimables» adolescents qui hantent la cour comme elle, cette vie de loisir où elle règne fait songer aux représentations de la déesse de l'amour à la Renaissance. On la voit assez bien mariée à un homme riche et mal dégrossi – un Vulcain, manipulable à merci – plutôt qu'à un mondain qui serait pauvre et avec lequel il faudrait «vivre d'amour», elle qui ignore ce que sont les sentiments. Et si tous ces beaux principes nous sont exposés aussi crûment, c'est que l'impudeur verbale tient lieu chez l'Amie de la nudité physique qui caractérise la déesse de l'amour.

Les figures de la Parfaicte Amye et de la Contre Amye correspondent respectivement aux déesses Pallas et Junon, la première par le choix qu'elle a fait de chercher le bonheur dans la contemplation, la seconde parce qu'elle se trouve associée à la vie active tournée vers la richesse et parce qu'elle défend l'amour au sein du mariage. La Parfaicte Amye est une femme adulte, mariée depuis plusieurs années et possédant une expérience étendue de la vie. De tous les plaisirs de l'existence, elle n'en reconnaît plus qu'un seul: l'étude de la philosophie. Ainsi est-elle parvenue à dépasser l'amour ordinaire qui n'apporte que des tourments pour atteindre l'amour céleste qui se confond avec le désir de la vertu. A la différence du discours de l'Amie qui dénude, celui de la Parfaicte Amye, élégant, savant, parfois précieux, l'enveloppe de dignité et de mystère.

La Contre Amye de Charles Fontaine est une jeune femme qui s'apprête à se marier. Par son origine sociale – elle est fille de marchand, nous dit-elle – elle se situe du côté de la vie active, dont elle défend l'éthique de façon pointilleuse contre ceux qui pensent et dépensent trop librement, ce qui l'apparente à Junon. La Contre Amye a pour elle la raison – elle note toutes les contradictions de l'Amie – et le poids des institutions. La vertu se confond pour elle avec ses signes extérieurs. Son discours est plus que didactique: il tient de la réprimande, il «mord», c'est-à-dire critique, condamne et appelle à la vengeance. En ceci, la Contre Amye s'oppose aussi radicalement à l'Amie que Junon à Vénus.

Le Jugement de Pâris a fait l'objet d'interprétations diverses au Moyen Age, mais il en est une que nous retiendrons plus spécialement. Les exégètes voyaient dans les trois déesses le symbole de trois types de vie: contemplative, active, voluptueuse. Ainsi, dans *Le Livre des échecs amoureux*, Evrart de Conty explique que le choix de Pâris devait se porter sur la meilleure forme de vie. Dans son commentaire, les trois types de vie sont rangés de la meilleure «du point de vue des philosophes», la vie contemplative, à la pire, la vie voluptueuse, «plus bestiale qu'humaine»:

> Vénus enfin, qui est la déesse de l'amour et du plaisir, signifie la vie voluptueuse, propre à ceux qui s'adonnent volontiers aux plaisirs charnels, et surtout aux jeunes amoureux qui ne recherchent que loisir et délectation, et à qui il semble qu'aucune autre vie ne soit comparable. Comme cette vie est dépourvue de raison, de mesure et d'honnêteté, les sages philosophes n'y trouvent point de félicité.

Ni les hommes ordinaires, d'ailleurs, car cette existence finit par ruiner moralement et matériellement ceux qui l'élisent. La vertu au contraire, apanage de Junon, s'accompagne de l'enrichissement matériel, dont elle semble être à la fois la cause, l'effet et la signification sur le plan moral:

> Junon, la déesse des richesses, signifie la vie active qui est propre aux riches, car les richesses et les biens temporels sont nécessaires à cette vie. On pourrait dire que la vie active est propre aux riches parce qu'elle exige qu'on y vive selon la raison et la vertu, sans quoi la communauté ne pourrait subsister longtemps. Ceux qui vivent ainsi ne peuvent être pauvres, car seule la vertu enrichit l'homme alors que le vice l'appauvrit.[1]

Le jugement de Pâris symbolise, selon Evrart de Conty, la nécessité de choisir un type de vie, nécessité devant laquelle tout individu se trouve placé lorsqu'il sort de l'enfance. Il est alors libre de juger selon la raison, s'il est né sain d'esprit. Pourquoi donc Pâris a-t-il choisi Vénus? Comment expliquer que l'on préfère le pire des trois genres de vie?

> Aristote dit que les jeunes suivent volontiers leurs passions, c'est-à-dire les inclinations et les plaisirs de leur cœur. En somme, *ils ne désirent que jeux, joies et plaisirs, et en général l'oisiveté*. Il n'y a donc pas à s'étonner que Pâris, qui était jeune au temps où les trois dames lui furent présentées, ait opté pour Vénus... Et si l'Acteur du poème raconte que, dans sa jeunesse, il confirma la sentence de Pâris, ce n'est pas étonnant non plus car, à mon avis, *tous les jeunes du monde en auraient fait autant.*

Ainsi, par un jeu d'équivalences symboliques, le mythe se trouve mis en correspondance avec le *topos* des trois âges de la vie, souvent représenté dans l'iconographie renaissante. Si

---

[1] [Evrart de Conty] *Le Livre des échecs amoureux* (ca 1400), texte édité par Anne-Marie Légaré, Françoise Guichard Tesson et Bruno Roy. Paris, Editions du Chêne, 1991. Le texte du manuscrit n'est pas paginé.

nous suivons l'interprétation d'Evrart de Conty, le Jugement de Pâris raconte l'aventure de la vie, laquelle consiste à faire des choix en fonction d'une sagesse qui augmente avec l'âge. Il aurait été anormal que Pâris accordât la pomme d'or à une autre que Vénus, de même qu'il était prévisible qu'il la lui donnât, puisqu'il avait l'âge de la volupté. Si le héros des *Echecs amoureux* réitère le jugement de Pâris, il n'y a pas lieu de s'en étonner, car «tous les jeunes du monde en auraient fait autant». Le mythe, comme sa réécriture qui en est la confirmation, montre que la jeunesse est l'époque de l'erreur[1]. La réécriture et l'interprétation insufflent donc au mythe une signification morale qu'il n'avait pas dans la tradition classique.

L'ouvrage d'Evrart de Conty fait partie de ces traités d'éducation du Prince composés au cours du XVe siècle. On en recense six manuscrits, dont l'un réalisé vers 1495 sur une commande de Louise de Savoie présente une miniature où l'on a cru reconnaître François d'Angoulême et sa sœur Marguerite jouant aux échecs avec le héros de l'histoire[2]. Plus intéressante pour nous est l'illustration du Jugement de Pâris ou plutôt son adaptation moderne, que nous commenterons brièvement (Fig. I).

L'image se lit de haut en bas, à partir de la gauche, puis de bas en haut, en remontant par la droite. Dans la partie supérieure gauche, le héros de l'aventure quitte la déesse Diane qui l'a mis en garde, mais en vain, contre son désir d'aller au jardin de Déduit; dans le coin inférieur gauche,

---

[1] Vérité sur laquelle repose le *Canzoniere* de Pétrarque et qu'illustrera le roman sentimental. Nous reviendrons sur les notions d'erreur et d'errance amoureuse que J.-C. Carron a étudiées chez Pontus de Tyard.

[2] Bibl. Nat. Ms fr. 143. Voir A. M. Légaré, *éd. cit.*, p. 80.

Nature

«l'Acteur» est représenté une seconde fois faisant face maintenant au jardin, accompagné de Mercure qui l'invite à juger les déesses, comme il l'a fait pour Pâris[1]; à sa hauteur, dans le coin inférieur droit, Nature qui garde l'entrée du jardin, tenant à la main la clé et la bêche, symboles d'éveil à la vie amoureuse, lui lance un clin d'œil racoleur. Dans le jardin entouré d'un mur se tiennent les trois déesses. Vénus est la première près de l'entrée; elle est sous le rosier, nue, les cheveux défaits et se contemple dans un miroir; à gauche et légèrement au-dessus d'elle, Junon qui apparaît sur le seuil de sa maison lui jette un regard hautain; enfin, tout en haut vers la droite et au-dessus des deux autres déesses, Pallas est assise, à la porte de son pavillon, dans une attitude contemplative; elle tend la main vers une colombe, image de la paix. Leurs positions permettent d'associer et d'opposer les personnages, c'est-à-dire de les mettre en jeu les uns avec les autres: ainsi, une diagonale traverse l'image, opposant Nature et Diane, qui se tient à l'extérieur de la scène principale et de l'autre côté du pont, la rivière séparant son domaine, la forêt, du «jardin de Déduit»; les positions de Vénus, Junon et Pallas forment un triangle, dont Junon occupe l'angle le plus obtus, un peu en retrait par rapport aux deux autres; Pallas semble surmonter Vénus, dont elle se distingue par l'attitude réservée, la posture assise – indice de pondération – et la pudeur, mais à laquelle elle ressemble par la coiffure et la couleur des cheveux, la position des bras et la direction du regard, comme s'il s'agissait de deux états du même personnage.

---

[1] L'épée dressée entre les jambes de Mercure symbolise évidemment l'érection. Le dieu qui a mené l'Acteur à l'entrée du jardin de Déduit lui suggère sans doute de choisir Vénus. Mercure est en effet lié à la libre circulation sexuelle: dans l'histoire d'*Amphitryon*, il aide Jupiter à séduire Alcmène. Mercure ne s'embarrasse pas non plus de principes moraux: quand il voit Mars et Vénus pris en flagrant délit d'adultère, il avoue qu'il prendrait volontiers la place de Mars.

La lecture que nous venons de faire suit le cheminement de l'homme au cours de son existence, depuis l'adieu à la vie «sauvage» de l'enfance, figurée par Diane et son refus de l'amour, jusqu'à Pallas, la déesse de la sagesse et de la chasteté, à laquelle il finira par se rendre, après avoir répondu à l'appel de la beauté physique et à celui du mariage, respectivement représentés par Vénus et Junon.

L'ouvrage, très apprécié jusqu'à la fin du XVe siècle, permet d'identifier le Jugement de Pâris comme une première structure de l'imaginaire amoureux auquel la Querelle des Amyes faisait encore appel dans les années 1540. Les contemplatifs pouvaient reconnaître leur idéal dans la Parfaicte Amye, les «actifs», le leur dans la Contre Amye et ses valeurs sûres: l'amour au sein du mariage, le respect de l'autorité masculine, la vie familiale, les conventions sociales. L'Amie, quant à elle, représente la jeunesse, la beauté et les plaisirs: elle est la première tentation, ou la première erreur qui s'offre à l'adolescent inexpérimenté. Comme Pâris et comme le héros des *Echecs amoureux*, Paul Angier lui donnait la préférence. *L'Amie de court* trouve ainsi sa place dans le paysage culturel de l'époque, moins comme contestaire de la morale sexuelle que comme première expérience de la vie et de l'amour. Les deux autres figures lui répondent sans lui être exactement symétriques car elles parlent déjà d'un autre lieu ou plutôt d'une autre position sur l'échiquier. Galliot du Pré eut raison de réunir ces allégories des trois genres de vies et d'amour: dans le recueil ainsi composé, les Amyes venaient tour à tour présenter leurs avantages, non plus au Prince, mais au lecteur qui tenait dorénavant le rôle de Pâris.

La Querelle des Amyes prend donc l'une de ses sources dans cette réflexion médiévale sur l'existence. Pour les poètes, la difficulté consistait moins à alimenter le discours moral répressif qu'à réincarner dans des formes nouvelles les conduites que la tradition associait aux âges de la vie et qui composaient ensemble le «grand jeu» dans lequel hommes et femmes devaient s'engager[1]. L'association, à partir de 1544, des poèmes de la Querelle au *Mespris de la Court* d'Antonio de Guevara s'explique aussi par cette conception de la jeunesse comme époque des «erreurs» puisque dans cette œuvre l'auteur raconte comment, dans sa jeunesse, il s'est laissé séduire par les délices de la vie de cour, bien qu'il sût que la vie rustique était un meilleur choix.

Le mythe allégorisé, ou plutôt la réflexion existentielle que portent ses réécritures, se lit à l'arrière-plan de ces recueils composés comme le jeu d'échecs de pièces possédant toutes une valeur et un mouvement particulier.

2. La «chasteté d'amour».

L'aventure des *Echecs amoureux*, selon l'interprétation qu'en donne Evrart de Conty, serait un avatar moderne du mythe du jugement de Pâris[2]. La Querelle des Amyes en est un autre, mais il ne s'agit pas d'un «remake», car chacun des poèmes nous renvoie aussi l'écho des débats philosophiques contemporains. A la question du choix entre les trois vies, les «modernes» vont ajouter le thème si étranger au mythe antique de «l'amour chaste». Ce n'est plus seulement la meilleure des vies que nous sommes invités à élire, mais aussi la meilleure manière d'«aimer chastement».

---

1 Ou la «danse», symbole de la vie dans *La Comédie des Quatre Femmes* de Marguerite de Navarre.

2 Le mythe a servi à illustrer d'autres sujets à la Renaissance. Une gravure de Lucas Cranach, par exemple, représente Pâris sous les traits d'un guerrier déjà âgé: «Le jugement de Pâris fut fréquemment exécuté comme spectacle sous les yeux des princes. Mais sous l'illusion d'un contenu érotique et de la présence de la déesse de l'amour Aphrodite, le thème était une allusion rendue, sous une forme allégorique, aux demandes en mariage des princes.» *Altdorfer et le réalisme fantastique dans l'art allemand* (Paris, Centre culturel du Marais, J. et M. Guillaud, 1984), p. 370.

On se souvient qu'Estienne Dolet employait l'expression «chasteté d'amour» pour désigner l'objet de l'enseignement de *L'Amie de court*: on peut se demander comment peuvent se superposer dans le même personnage des figures aussi dissemblables que Vénus et son contraire, la «chasteté». C'est que, dans le discours platonicien, il y a deux déesses de l'amour: celle de l'amour sensuel, qui a pour messager Eros et celle de l'amour «honneste», que sert Antéros. De fait, l'Amie proclame son horreur de l'amour sensuel et du désir, entièrement associé au personnage de Cupido, l'agent de Vénus. Elle laisse aux âmes vulgaires «folle amour» et «désir voluptueux», tandis qu'elle refuse de quitter le «Ceston chaste et pur» de Vénus. Par ceci, elle se situe du côté de la chasteté au même titre que la Parfaicte Amye et la Contre Amye: comme elles, elle entend échapper à la condition ordinaire des hommes et des femmes, qui consiste à «aimer follement» ou «aimer à reproche» (l'adultère), à se laisser affoler par le désir. La description de la lutte qu'elle mène contre les assauts de l'amour achève de la camper du côté de la chasteté, contre la volupté. En simulant Vénus, c'est en fait à l'autre Vénus et à Diane que l'Amie sacrifie, Diane, déesse de la chasteté, rebelle à l'amour, dont elle invoque le saint nom comme elle ferait celui de la Vierge (v. 541 sq).

Chacune des Amyes propose un moyen de parvenir au même but, ne pas tomber sous le joug de folle amour. Celui que préconise l'Amie consiste à simuler l'amour, à faire bon accueil à tous les prétendants sans s'engager auprès d'aucun, pour maintenir sa cote au plus haut sur le marché amoureux. On a remarqué qu'elle pousse la simulation à des limites étonnantes: baisers et attouchements n'entameraient pas l'honneur, selon elle; si elle s'expose à la tentation, c'est pour renforcer, dit-elle, sa détermination à la chasteté et accroître sa réputation. Théorie difficile à accepter, mais qui figure cependant en bonne place dans la doctrine courtoise et dans la poésie d'inspiration néo-platonicienne. Elle apparaît dans *Le Livre des échecs amoureux*:

> (...) de même que l'or resplendit et reluit, qu'il jouit d'une dignité et d'une très grande excellence entre tous les métaux, et qu'il est pur et net de toute impureté, à tel point qu'aucun feu ne peut l'attaquer, mais au contraire le purifie et l'affine, de même nous pouvons dire que *la chasteté et la virginité sont des vertus claires et resplendissantes qui deviennent d'autant plus pures et fines qu'elles sont plus travaillées par le brandon de Vénus.*

Nous la retrouvons dans le passage du *Courtisan* racontant l'histoire d'une noble dame qui, pendant six mois, avait dormi nue, dans les bras de son amant, sans faire l'amour. Cesare tirait de cet exemple la même leçon qu'Evrart de Conty:

> L'autre, ardente amoureuse, se trouvant tant de fois seule entre les bras de celui qu'elle aimait bien plus que tout le reste du monde, *combattant contre elle-même et contre celui qui lui était plus cher que sa propre personne, vainquait cet ardent désir qui souvent a vaincu et vainc tant d'hommes sages.*[1]

L'Amie prétend elle aussi suivre cette voie à «haut risque», comparable dans l'ordre amoureux à ce qu'est la quête de l'aventure pour le chevalier ou, pour le saint, celle de la tentation: c'est le moyen, selon elle, d'éprouver et d'accroître sa valeur. Mais elle ne cache pas que c'est la gloire qu'elle gagne à demeurer chaste qui l'encourage à persévérer dans cet état plutôt qu'un authentique amour de la vertu; elle se vante d'abord de pouvoir réduire le tourment en plaisir et de triompher de Cupido, avec d'aussi faibles moyens que les siens:

---

1 *op. cit.*, p. 283.

J'estime la mon trophée & ma gloire
De povoir vaincre estant femme mortelle
Par artifice une deité telle.
v. 28-30

Puis, elle nous apprend que le «secret de Diane» renforce sa détermination à la chasteté: ce secret, c'est de gagner du prestige aux yeux de ses amants, de doubler sa valeur érotique, en résistant aux tentations les plus fortes:

Dont contre luy moy de deffense armée
Suis doublement en son cueur estimée,
Pour avoir veu en moy l'esprit & corps
De beaulté chaste unir les deux accordz
v. 555-558

Par sa trop grande confiance en elle et dans le respect qu'elle croit inspirer à ses compagnons, l'Amie ressemble aux nymphes de la *Fable du faulx cuyder* que Marguerite de Navarre compose à la même époque pour sa nièce[1]. Version profane de la parabole des vierges sages et des vierges folles, cette histoire raconte comment quelques nymphes servantes de Diane s'étaient un jour témérairement éloignées de la déesse pour s'approcher des faunes; parvenues au cœur de la forêt, loin de la protection de Diane, elles ne purent échapper aux satyres qui voulaient les violer qu'en se précipitant vers un torrent. Mais Diane entendant leurs cris les métamorphosa en saules pleureurs sur la rive, si bien que les satyres n'enlacèrent que des troncs d'arbre.

Pour le lecteur, l'«épreuve de chasteté» à laquelle la jeune fille s'est soumise est plus parodique qu'héroïque et ce sont

---

[1] Le nom de Marguerite de France, sœur du futur Henri II, se trouve souvent associé, entre 1540 et 1550, à la thématique de l'amour chaste et à la diffusion, en France, du platonisme. C'est probablement à elle qu'est destiné l'adaptation du *De Amore* de Ficin que publie G. Corrozet en 1542. François de Billon la proclamera gardienne de la vertu de chasteté dans son *Fort inexpugnable de l'honneur femenin*.

plutôt ses amants qui nous paraissent faire preuve d'une force surhumaine, à «endurer soif auprès de la fontaine». L'Amie s'applique à rehausser ses mobiles narcissiques des nobles couleurs de l'idéologie courtoise, mais son épreuve n'a pas la valeur de l'anecdote rapportée dans *Le Courtisan*. La satire ne vise ni l'épreuve ni son principe, mais la témérité et l'auto-satisfaction, manifestes dans les justifications que donne l'Amie. Celle-ci, qui n'a compris que l'effet distinctif de tels exemples, pratique de façon systématique l'épreuve de chasteté croyant naïvement augmenter son crédit par ce moyen, sans voir qu'en l'absence de sentiment et de désir l'épreuve perd son sens. En effet, elle ne se livre pas à cette épreuve avec le seul qui saurait peut-être la vaincre par son éloquence, comme le donne à penser le contraste qu'elle établit entre ce personnage et les autres jeunes gens dont elle encourage les galanteries (v. 561-588). Loin de suivre l'exemple du *Courtisan* et d'affiner sa vertu à travers l'épreuve, l'Amie ne satisfait que son amour-propre. Elle simule des pratiques dont elle ne comprend pas pleinement la signification, et dont elle a seulement retenu qu'elles rehaussaient la réputation des dames. Cependant, personne n'est dupe qu'elle-même, qui ne voit pas que les amants avec qui elle se rend jusqu'aux dernières limites de l'honnêteté jouissent tout de même un peu du «bien» qu'elle croit préserver entier. Ni Diane ni Vénus «honneste», mais attirée par ces deux modèles, l'Amie risque son honneur en vain, sans s'engager encore dans une véritable épreuve qui la montrerait digne du «chaste amour».

3. Les hypostases d'Amour

Les poèmes de la Querelle des Amyes contiennent tous des références au *Banquet* de Platon, que l'on connaissait en France par le commentaire de Marsile Ficin et à travers des ouvrages qui s'en inspiraient, comme *La Nef des Dames vertueuses* de Symphorien Champier[1]. *Le Banquet*, comme le commentaire de Ficin, n'est pas un dialogue proprement dit mais une suite de discours ou, plus exactement, d'éloges. Certains passages de *La Parfaicte Amye* font allusion à la doctrine de la réminiscence (I, v. 875-917), à celle de l'exil de l'âme (II, 918-949) et à la doctrine du double exposée par Aristophane (III, 1640-1655). Dans la perspective néo-platonicienne, ces thèses «déploient» l'une après l'autre la notion d'amour, pour culminer avec le récit par Alcibiade de son expérience personnelle de l'amour de Socrate, expression parfaite de l'idée d'amour.

Le discours de Pausanias devait avoir une résonance familière pour le public du XVIe siècle, encore empreint d'idéal courtois. En effet, l'éloge de Pausanias a pour objet l'amour «aristocratique», qui élève les âmes en les libérant du désir charnel. Chez Platon, Pausanias, parlant le second, distingue deux Aphrodite et deux Amours, l'un céleste, l'autre populaire:

> Or celui qui relève de l'Aphrodite Populaire est véritablement populaire et opère au hasard: c'est celui des hommes vulgaires. D'abord l'amour de ces gens-là ne va pas moins aux femmes qu'aux garçons; ensuite au *corps* de ceux qu'ils aiment plutôt qu'à l'âme, enfin aux plus sots qu'ils puissent trouver: ils n'ont en vue que *d'arriver à leurs fins*, sans nul souci de la manière – belle, ou non. D'où vient que dans la pratique ils rencontrent au hasard soit le bien, soit également son contraire. Cet Amour-là, en effet, se rattache à la déesse qui de beaucoup est des deux la plus jeune, et qui par son origine participe de la femelle comme du mâle.

---

[1] Le commentaire de Marsile Ficin ne sera intégralement traduit en français qu'en 1546, par Simon Sylvius (Jean de la Haye) mais on en trouve des adaptations auparavant, comme *La Diffinition & Perfection d'Amour* de Gilles Corrozet. Sur le néo-platonisme et le ficinisme en France avant 1550, on pourra consulter, outre les travaux d'Abel Lefranc et de J. A. Festugière, l'introduction de Raymond Marcel au *De Amore* de Marsile Ficin (Paris, Société d'édition «Les Belles Lettres», 1956).

> L'autre Amour, lui, participe de l'Aphrodite Céleste; celle-ci, tout d'abord, est étrangère à l'élément féminin et *participe seulement du sexe masculin*; ensuite elle est la plus ancienne, et *ignore l'impulsion brutale*. De là vient que se tournent vers le sexe mâle ceux que cet Amour inspire: ils chérissent ainsi le sexe qui par nature est le plus fort et le plus intelligent.
>
> (180 d-181 d)[1]

Marsile Ficin substituera l'amour hétérosexuel à l'amitié «androphile» que décrit Pausanias[2], adaptant ainsi le concept d'amour céleste à la morale chrétienne.

Selon Pausanias, le seul sentiment digne de louange est l'amour de l'intelligence et de la force de caractère parce qu'il élève l'esprit en instruisant les jeunes et en obligeant les amants à rechercher la perfection dans tout ce qu'ils font. Conservant la distinction entre amour vulgaire et amour céleste, Ficin lui donne un sens théologique et place les deux formes d'amour dans un rapport hiérarchique: la même tension vers la Beauté explique les deux amours, la seule différence étant que l'amour vulgaire a besoin du support de la matière et des sens pour se produire et se maintenir[3]. L'amour ordinaire, même le narcissisme qui est aussi amour du beau, se voit «justifié» comme première phase d'une

---

1 Platon, *Le Banquet*, trad. par Léon Robin. Paris, Société d'édition «Les Belles-Lettres», 1929.

2 Malgré la distinction entre l'amour spirituel et l'amour charnel, ce dernier étant désigné par l'expression «impulsion brutale».

3 «Ainsi la Vénus céleste sera l'Esprit angélique tourné vers Dieu et la Vénus vulgaire, l'âme du monde tournée vers les corps. Par voie de conséquence, l'Amour céleste sera nécessairement désir de la Beauté divine; quant à l'Amour vulgaire, qui lui aussi contemple la Beauté divine, par l'intermédiaire de la Vénus dont il est le serviteur, sa fin sera d'engendrer dans la Beauté. (...) Ainsi les deux Amours, loin de se combattre, se trouvent ainsi subordonnés. Dès lors, il n'est plus question de savoir si l'un est beau et l'autre laid. Non, répond Ficin, l'un et l'autre sont honnêtes, puisque tous les deux dérivent de l'image divine.» R. Marcel, éd. cit., p. 60-61.

quête spirituelle conduisant l'âme, degré par degré, de l'état matériel où elle est exilée aux états angélique et divin dont elle procède. Dit autrement, l'amour humain non seulement ne fait plus obstacle au salut de l'âme, mais il en devient l'un des moyens les plus sûrs avec l'amour au sens chrétien, «Caritas».

Prenant la parole à son tour dans *Le Banquet*, Socrate dégage la valeur morale de l'amour céleste, telle que la lui a enseignée jadis Diotime, l'étrangère de Mantinée. Parce que l'amour est un «grand démon», «un intermédiaire entre le mortel et l'immortel», il relie les parties au tout, ne laissant aucune place vide:

> Il traduit et transmet aux dieux ce qui vient des hommes, et aux hommes ce qui vient des dieux: (...) comme il est à mi-chemin des uns et des autres, il contribue à remplir l'intervalle, de manière que le Tout soit lié à lui-même.

L'amour est aussi une quête d'immortalité. Plus précisément, ce sentiment qui attire deux êtres l'un vers l'autre leur procure en même temps la vertu et le désir de la posséder éternellement:

> Qu'éprouverait donc, à notre avis, un homme qui pourrait voir le beau en lui-même, simple, *pur, sans mélange, étranger à l'infection des chairs humaines*, des couleurs, de tout fatras mortel, et qui serait en mesure de contempler la beauté divine en elle-même, dans l'unicité de sa forme? (...) Ne penses-tu pas, dit-elle, qu'alors seulement, quand il verra la beauté par l'organe qui la rend visible, il pourra enfanter non point des simulacres de vertu, car il ne s'attache pas à un simulacre, mais une vertu véritable, car il s'attache à la vérité? Or, s'il enfante la vertu véritable et la nourrit, ne lui appartient-il pas d'être aimé des dieux et, entre tous les hommes, de devenir immortel?
>
> (212 a)

Survenant à la fin du discours de Socrate, Alcibiade confirme par le récit de son expérience la conception de l'amour «enfantement de la vertu». Il décrit Socrate comme l'amant parfait parce qu'il a su lui indiquer la voie de la vertu et l'obliger lui-même à s'y tenir, en refusant tout rapport charnel avec lui. Par la résistance de Socrate à ses avances répétées, Alcibiade a pu concevoir la nature véritable, c'est-à-dire spirituelle, du sentiment qui les portait l'un vers l'autre; dans cet amour, tous deux ont donc «procréé» la vertu. *Le Banquet* apportait de cette manière une caution philosophique à la doctrine courtoise de la séduction: né dans le domaine des sens, de l'échange de regards, de paroles, de promesses, qui engagent les deux partenaires dans un jeu où ils peuvent tout gagner ou tout perdre, l'amour se sert de la séduction pour s'élever progressivement au domaine spirituel, jusqu'à l'élimination complète des obstacles à sa réalisation, c'est-à-dire des corps. A ce stade, les amants n'ont plus besoin de la présence physique puisqu'ils communiquent sur le mode spirituel, en poursuivant tous deux la perfection.

La notion d'«amitié parfaite», que nous retrouvons dans les trois poèmes de la Querelle, provient de ces théories du *Banquet* commentées par Marsile Ficin dans son *De Amore*. Dans *L'Amie de court* on repère des références au discours de Pausanias, ainsi qu'à celui d'Agathon – la revue des attributs du dieu dans le prologue et dans les derniers vers – celui de Socrate – la vision de l'amour sans mélange, «pur & munde» (v. 873), et de l'immortalité promise aux vrais amants (v. 887) – enfin, celui d'Alcibiade puisque, comme l'amant de Socrate, l'Amie de court fait longuement fausse route: elle ne voit d'abord que l'amour vulgaire, puis l'amour feint, ensuite le narcissisme, pour finalement *enfanter* en imagination l'amitié parfaite, seule justification, à ses yeux, de ses propres perfections, qu'elle décrit par contraste avec l'amour vulgaire:

> Ses yeulx seront ouvers, & non point clos
> Pour veoir en ung noz deux vouloirs enclos:
> Et du tresfort lyen de vertu rare
> Tant les serrer que rien ne les separe.
> L'aultre est vollant plein de legereté:
> Mais cestuy cy sera tant arresté
> Que dedans nous il fera sa demeure
> Jusques à tant que l'ung ou l'aultre meure
> Accompaignant les immortelz espritz,
> Tant que le Ciel les ayt en soy repris.
> Auquel sejour il les eslevera,
> Et mieulx que l'aultre alors vollera,
> Pour lassus prendre eternelle louange,
> Ou sera dict d'honneste amytié lange.
> v. 875-888

A la fin de son discours, après avoir aperçu l'abîme où la conduit la négation de l'amour, l'Amie se métamorphose en Aphrodite Uranienne. Un autre personnage apparaît, foncièrement différent du précédent. Au milieu des excès qui la portaient à se montrer de plus en plus cynique, il semble s'être accompli en l'Amie – du seul mouvement de sa pensée – un passage «de mort en vie». Du seul mouvement de sa pensée ou de la connaissance d'un personnage différent des autres, cet «ung que je ne veux nommer pour ceste heure» (v. 564)? Quoi qu'il en soit, l'Amie laisse venir au jour un désir nouveau «d'amitié parfaite» qui la transforme complètement. Elle qui babillait si plaisamment quelques minutes auparavant, la voilà qui devient tout d'un coup lyrique et contemplative, jusqu'à délaisser la compagnie pour aller songer plus à son aise à cette merveille qu'elle vient d'entrevoir:

> O bien heureuse, O vraye Amour future,
> Que je prevoy certaine en mon augure,

Puis que desja je la cognois presente
A celle fin que plus d'aise je sente
A bien gouster les plaisirs qu'elle donne
Pour le penser le dire, j'abandonne
v. 889-894

Le dernier mouvement, faisant ainsi pendant au prologue qui était centré sur le refus de l'«erreur» amoureuse des poètes, nous montre l'Amie se laissant emporter, ravir pour ainsi dire dans un état d'«errance» amoureuse presque mystique. Rappelons que le motif de l'errance connaît une évolution majeure dans la poétique de la Renaissance: de parcours erratique et d'erreur de jeunesse qu'il était chez Pétrarque, il deviendra initiation et progression positive vers l'Idéal chez ses émules français, Scève et Pontus de Tyard, nourris de pensée platonicienne:

> Voilà la référence qui échappe au *Canzoniere* et à ses commentateurs: l'amour, et il ne peut être question que de ce seul amour, n'est plus condamnable, mais essentiellement recommandable. Il n'y aura donc plus, pour la pensée néo-platonicienne, d'errance au sens pétrarquisant du terme, puisque, même sous son aspect charnel, *l'amour entre dans l'économie du salut humain*: l'attachement à la dame, la servitude amoureuse que chante la nouvelle poésie néo-platonisante ne sont que le premier degré d'une ascension qui doit conduire l'amant à la source de la beauté qu'il admire en sa dame.[1]

Le poème de La Borderie paraît attester une certaine conscience de la substitution en train de s'opérer. Si l'Amie refuse l'amour des poètes au début et à la fin – «non poinct l'Amour qui blesse et qui tourmente/ De qui chascun se plainct et se lamente» (v. 863-864) – elle s'abandonne toutefois à celui des philosophes, à la vision de l'amour pur jaillie de son imagination et dont elle attend les plus grandes

---

1 J.-C. Carron, *op. cit.* , p. 34-35.

joies. Après sa plongée dans le malheur et la mort, Amour l'assiste dans sa remontée vers la lumière:

Ses yeulx seront ouvers, & non point clos
Pour veoir en ung noz deux vouloirs enclos:
Et du tresfort lyen de vertu rare
Tant les serrer que rien ne les separe.
L'aultre est vollant plein de legereté:
Mais cestuy cy sera tant arresté
Que dedans nous il fera sa demeure
Jusques à tant que l'ung ou l'aultre meure
v. 875-882

L'héroïne de La Borderie connaîtrait donc la première métamorphose, la «naissance d'amour» qui, suivant la doctrine ficinienne, conduit du chaos au monde formé, de la matière à Dieu[1]. Il lui reste évidemment bien du chemin à parcourir et le poème ne nous représente que l'étincelle qui ranime sa connaissance cachée du Bien et sa sortie de la caverne[2].

Malgré tout, un doute subsiste: cette protestation de foi à l'égard de l'amour céleste ne serait-elle pas une ultime coquetterie de l'Amie? Rappelons que, selon elle, les dieux ne peuvent pas lui avoir donné tant de beauté pour lui infliger une vie malheureuse; il est donc nécessaire qu'elle connaisse un mariage heureux:

Les dieux ne m'ont de grace tant douee
Pour me vouloir en fin estre vouee
A naviguer en si forte tempeste.
Le mien mary sera saige & honneste...
v. 851-854

---

1 Les autres transformations de l'essence sont l'«accroissement» et la «perfection d'amour». L'amour naissant est décrit chez Ficin comme un appétit de l'entendement pour la Beauté entrevue, un instinct prenant sa source et trouvant sa perfection en Dieu.

2 «... l'âme n'ayant à l'origine que l'essence et l'existence vit dans l'obscurité, tant que Vénus ne fait pas naître en elle le désir de son créateur, dont elle reçoit l'étincelle qui engendre l'Amour, pour lui révéler toutes les raisons de l'univers.» R. Marcel, éd. cit., p. 88.

L'idée que la beauté attire à elle les âmes de haute valeur est centrale dans la doctrine ficinienne, qui s'oppose sur ce point au roman sentimental, dans lequel la beauté est souvent accusée de causer «l'amour à reproche». En fait, toujours amoureuse de sa propre beauté, l'Amie veut aussi l'employer à gagner ce «nouvel amour», cette «honneste amitié» des âmes exilées du paradis, dont on parle tant autour d'elle.

4. Conversion

Les figures de la Querelle des Amyes tendent toutes vers un même idéal, la réalisation en ce bas monde de l'«amour céleste», mais des trois personnages, la Parfaicte Amye est la seule conforme au modèle platonicien, l'Amie de court et la Contre Amye marchant sur ses pas mais n'ayant pas encore atteint le même degré d'élévation. L'une et l'autre prétendent posséder le secret de l'amitié parfaite: la Contre Amye qui recommande d'éviter absolument de s'exposer à la séduction, l'Amie qui fait apparemment bon accueil à tous, mais sans jamais se donner et en guettant sa proie du coin de l'œil. Il y a entre les deux, on l'a remarqué, une différence sociale, l'une appartenant à la bourgeoisie, l'autre évoluant dans le milieu de la cour. Leurs différences ne se résolvent pas dans la figure de la Parfaicte Amye, qui pourrait appartenir à l'une ou l'autre classe, mais qui ignore aussi bien le libertinage courtois que la «superstition» bourgeoise. Certes, le platonisme tel qu'il se développe en France dans la première moitié du siècle a bien quelque chose d'aristocratique, mais au sens intellectuel et moral que peut avoir cet adjectif, non au sens social. Par contre, il est bien possible que certaines personnes se soient estimées dignes, du seul fait de leur naissance, du prestige qui entourait cette philosophie. Il existe des tensions de cette nature entre l'Amie et la Contre Amye, l'une et l'autre déclarant l'adversaire indigne du modèle auquel elle s'identifie. Ainsi, tandis que l'Amie pense que les prudes ne peuvent pas concevoir les pratiques nouvelles, pour la Contre Amye, l'Amie de court joue les «converties»:

> Et puis tu fais la Theologienne,
> Si qu'on diroit à la parolle tienne
> Que tu serois en Dieu toute ravie,
> Et sur le point de la celeste vie:
> Si qu'on diroit de toy parfaicte dame,
> Qu'es toute à Dieu fors que le corps & l'ame,
> Quand tu as dit de ton esprit despris,
> Accompagnant les immortelz espritz.
> v. 869-876

Impossible, proclame la Contre Amye, de connaître les joies de l'amour après avoir affiché pareil mépris pour un dieu si puissant. Amour infligera à l'Amie, qui l'a trop bafoué, le cruel châtiment qu'il réserve aux impies: aimer sans être aimée en retour. C'est sur cet appel vengeur que se termine son discours:

> Soit donc tousjours ton gros cœur endurcy,
> Soit incredule, ignorant tout cecy.
> O dieu amour, ceste imparfaicte amye,
> Qui est de toy si parfaicte ennemye,
> Sente le traict doré, qui feit amy
> Apollo fier, jadis ton ennemy:
> Non pas celuy plombé, & rebouché,
> Dont de Daphné tu as le cœur touché:
> A celle fin que contre amour armee,
> Ayme tousjours sans qu'elle soit aymee.

La Contre Amye conçoit l'existence comme une accumulation de bons points suivant des règles avec lesquelles il n'est pas question de tricher. Toute relation constitue un engagement, toute acceptation de cadeaux revient à promettre quelque chose en retour, un regard est une invitation, un sourire, un mot favorable créent un contrat et lient les deux parties: l'économie marchande régit l'économie sentimentale. Les retournements, les soudaines fulgurations de l'esprit ne compensent pas l'abandon des conduites dictées par la société et la nature. Plutôt que la raison, la Contre Amye place au-dessus de tout le strict respect des convenances.

Cette attitude, Marguerite de Navarre en a bien souvent dénoncé les abus. Dans la *Comédie de Mont-de-Marsan* jouée en 1547, elle invente la Superstitieuse, personnage plus excessif que la Contre Amye, qui réprimande elle aussi une dame de cour, la Mondaine, éprise d'elle-même, de sa beauté physique, des biens terrestres. Entre les deux personnages, le conflit est insoluble: elles ne font que se heurter davantage en défendant leur position. Un troisième personnage, la Sage, qui représente en partie le point de vue de l'auteur dans la pièce, tente de les ramener l'une et l'autre à la foi chrétienne et à la charité. Or, comme le remarquait jadis V. L. Saulnier, la Mondaine adhère plus rapidement à la parole de l'Evangile que la Superstitieuse bardée de ses principes et de sa bonne conscience et elle se montre même plus réceptive que la Sage au mysticisme du quatrième personnage, la Ravie, qui représente l'ultime étape de la montée vers Dieu; c'est la Mondaine qui va vers elle et l'écoute quand la Sage et la Superstitieuse la traitent de folle. V. L. Saulnier montre que s'effectue au cours de la pièce un renversement des préjugés: d'abord placée au dernier rang à cause de sa vanité et de sa sensualité, la Mondaine, telle une moderne Marie-Madeleine, se révèle au cours de la pièce plus réceptive au message évangélique et à l'amour du prochain que les deux autres figures[1].

---

[1] «Au haut de l'échelle, la Mondaine; puis la Superstitieuse, puis la Sage. La hiérarchie de nos yeux humains est brouillée, les valeurs renversées. Au surplus, on nomme fol le sage, et réciproquement. » V. L. Saulnier in Marguerite de Navarre, *Théâtre profane*, p. 256-57.

Les personnages du théâtre de Marguerite, comme ceux de la Querelle des Amyes, entretiennent des rapports avec les questions de la grâce et du salut qui étaient alors amplement débattues, en particulier parmi les familiers de la reine de Navarre. Les théories de la grâce entrent dans la composition de ces figures qui fonctionnaient sur plusieurs registres pour les lecteurs contemporains. Ainsi dans le lyrisme amoureux, le coup de foudre qui transforme le négateur de l'amour en un adorateur, présente-t-il des analogies certaines avec la conversion. L'«honneste amitié» pouvait figurer l'amour de Dieu ou l'une des vertus cardinales, la charité ou la foi. On était athée de l'amour et on blasphémait contre lui comme on le faisait de Dieu et du Christ. La conversion de Saint Paul servait de modèle général: fulgurante et ne s'expliquant que par la grâce, elle apparaissait comme le témoignage le plus fascinant de la «faveur» divine.

Les doctrines du salut, comme les œuvres littéraires, mettent en œuvre une vision ascensionnelle des liens qui unissent le monde terrestre au monde céleste, la matière à la substance, l'homme à la divinité, etc. Théories des trois âges de l'humanité, des quatre espèces de vertus, des quatre étapes de l'histoire d'une âme, des trois opérations de Dieu en nous: le même schéma hiérarchique est constamment et partout à l'œuvre, comme nous avons pu le voir dans l'illustration que nous avons analysée. Les quatre personnages de la *Comédie de Mont-de-Marsan* représentent quatre conceptions de l'existence terrestre et quatre degrés de religiosité: l'indifférence (la Mondaine), la «bigoterie» (la Superstitieuse), la foi raisonnée et appuyée sur l'Ecriture (la Sage), le mysticisme enfin qui dépasse la raison (la Ravie). On retrouve dans l'œuvre profane de Marguerite les mêmes thèmes, les mêmes étonnements que dans son œuvre sacrée: l'âme peut-elle gravir ces échelons et parvenir à l'ultime étape de la foi chrétienne, le don total de soi, ou est-elle condamnée à un seul état? Suffit-il de s'en tenir aux «œuvres» pour assurer son salut? Les pécheurs sont-ils toujours punis? Qu'est-ce que la grâce, cette lumière soudaine qui jaillit dans la nuit du péché pour guider les âmes les plus perdues vers le bien, vers la vie? Pourquoi n'atteint-elle pas également tous les pécheurs? Devant ces mystères, l'homme doit renoncer à juger, mais non pas à représenter: d'où la fascination de Marguerite pour le récit, sans cesse poursuivi, de l'aventure humaine dans cette prison qu'est la vie sur terre et que symbolise, dans l'*Heptaméron*, la retraite forcée des protagonistes.

Un poème d'Héroet a pu suggérer à La Borderie l'idée de représenter la conversion à l'intérieur du discours de son héroïne. Il s'agit de la *Complaincte d'une Dame surprinse nouvellement d'amour*, dont la composition précède de quelques années *L'Amie de court* et *La Parfaicte Amye*[1]. Dans ce discours poétique, une jeune femme analyse les changements qui se sont produits en elle depuis qu'elle a subi les premières atteintes de l'amour. La jeune femme compare sa langueur au bonheur paisible dont elle jouissait auparavant, quand elle ne se souciait pas d'aimer. Comme l'Amie de court, elle ne songeait alors qu'à se parer et à plaire, sans faire de différence entre les jeunes gens qui la courtisaient, pourvu qu'ils rendissent hommage à sa beauté. Ecoutons-la évoquer son innocence perdue, comme s'il s'agissait d'une époque révolue depuis longtemps:

> Il me souvient (ô heureux souvenir!)
> Que les propos, que je soulois tenir,
> Estoient communs, simples, et innocents,
> Et qu'en voyant gentils hommes passants,
> Esgallement ung chascun me plaisoient,
> Prenant en gré l'honneur qu'on me faisoit.
> Touts mes plaisirs estoient d'accoustrements,
> Estimant plus du corps les aornements

---

1 Cf A. Héroet, *Œuvres poétiques* (éd. cit.), p. 100, note 2.

Que l'esperit, maintient, grace, ou faveur.
Lors touts mes gousts estoient d'une saveur;
Et si plaisir advient sans jugement,
Je n'avois pas peu de contentement;
Mais maintenant suis forte à contenter.
v. 59-71

Dans son nouvel état, elle se sent comme «étrangère à elle-même», à celle qu'elle était naguère, et ses plaisirs d'hier lui sont devenus insupportables. Auparavant, lorsqu'on lui faisait la cour, elle se contentait de se taire, «comme lon faict à propos qui ennuye.» Elle avait ainsi repoussé de nombreux soupirants et elle nous apprend:

Que ce qui feit ma liberté durer
Si longuement, et plusieurs refuser
Qui me vouloient en jeunesse abuser,
Ce fut que quand aulcuns se presentoient,
Tout aussi tost que declairés s'estoyent,
Il me souloit en pensée venir
Que plus grand heur me debvoit advenir.
v. 140-146

Ce qui se produisit effectivement:

De ce dernier il advint aultrement;
Car je comprins en mon entendement,
Incontinent qu'il s'offrit à mes yeulx,
Qu'il n'estoit pas possible d'avoir myeulx.
v. 147-150

La Borderie connaissait-il ce poème d'Héroet? Plusieurs ressemblances entre *L'Amie de court* et cette œuvre permettent de le supposer, par exemple la mise en scène du motif de la surprise de l'amour[1] chez deux personnages féminins évoluant dans le milieu de la cour, s'adonnant aux mêmes plaisirs, et envisageant toutes deux qu'un destin

---

[1] Cependant, le poème de La Borderie est le seul, à notre connaissance, en français, qui représente l'*innamoramento*, l'éveil de l'amour, comme une «parthénogenèse», sans cause extérieure.

supérieur les attend. Comme la dame de la *Complaincte*, l'Amie possède cette conviction profonde d'être promise à «meilleur heur»: d'où la tire-t-elle?

Cependant, les deux personnages se différencient par plusieurs aspects: la dame d'Héroet s'interdit de donner espoir à ses soupirants tandis que l'Amie les encourage; la première a réalisé son vœu sincère de connaître l'amour idéal puisqu'elle l'a rencontré, alors que l'Amie ne parviendra qu'à conceptualiser le bien désirable et seulement à l'issue de son discours, quand elle comprendra où peut la conduire son matérialisme. D'autre part, c'est parce que la première a déjà conçu en pensée la différence entre l'amour vulgaire et l'amour idéal qu'elle préserve sa liberté, tandis que chez la seconde cette conception doit passer par la vision de la privation de la liberté où l'entraîne sa vanité: ainsi seulement découvre-t-elle que son intérêt est de s'unir à un *ami parfait*, non à un «homme riche et sot». Enfin, dernière différence essentielle, la dame d'Héroet nous expose ses doutes, ses craintes et ses joies, elle se demande quelle attitude fera le mieux connaître ses sentiments sans compromettre son honneur, tandis que l'héroïne de La Borderie, novice de l'amour idéal, n'envisage même pas qu'il puisse causer des tourments, tant elle est encore ignorante de ce qu'elle vient d'imaginer. La dame de la *Complaincte* présente donc des dispositions intellectuelles et morales généralement plus élevées que celles de l'Amie, qui cherche avant tout à s'éviter la souffrance. Héroet représentera plus tard, dans *La Parfaicte Amye*, les degrés suivant la surprise d'amour, le perfectionnement du désir en «ferme amour»: tandis que la dame de la *Complaincte* supporte encore mal l'absence physique de son ami, la Parfaicte Amye ne connaît plus d'autres joies que celles de l'union spirituelle avec son amant.

Le personnage de La Borderie peut représenter un stade antérieur à celui qu'a atteint la jeune femme de la *Complaincte*[1], ce qui expliquerait qu'elle ne semble pas vraiment «apte» à mener à bien la relation idéale qu'elle pressent. Dit autrement, ce n'est pas parce qu'elle a conçu l'idée de la «parfaicte amitié» qu'elle saura opérer la transmutation nécessaire de l'amour humain en amour céleste. Tout ce que nous savons d'elle peut nous en faire douter sérieusement. Elle comprend d'ailleurs si mal la nature de son nouveau désir, qu'elle croit pouvoir vivre une telle relation avec son mari, alors que ce type d'amour requiert la chasteté absolue des amants et n'est donc réalisable qu'en dehors des liens du mariage. La «conversion» finale de l'Amie semble bien n'être encore une fois qu'une imitation parodique de la transformation exceptionnelle que connaissent les amants platoniciens au contact de la vertu, le dernier «fantasme» d'une longue série au moyen desquels l'Amie – telle un Matamore féminin – s'imagine régner sur la foule de ses «serviteurs».

On pourrait excuser l'héroïne de La Borderie en remarquant qu'elle est nettement plus jeune et par conséquent moins mûre que la dame d'Héroet. Cet état de franche jeunesse est repérable par l'accumulation dans le discours de traits «adolescents»: la recherche du plaisir, le goût du jeu, le narcissisme, l'insouciance, la coquetterie. Quand se produit à la fin la découverte de l'amour céleste, le

---

[1] Il peut s'agir du même personnage, l'audace de l'Amie pouvant être mise au compte de son plus jeune âge. La psychologie de la dame de la *Complaincte* avant sa découverte de l'amour n'est qu'ébauchée, le personnage pouvait donc être développé dans plusieurs directions.

comportement de l'Amie change radicalement: elle dit préférer maintenant la solitude aux réunions mondaines, la méditation à la causerie, la vue d'un seul être à tous les plaisirs du monde. C'est l'état typique de *l'innamoramento*, si souvent décrit dans la poésie d'inspiration pétrarquiste.

La tradition littéraire attache une importance considérable à l'état précédant la blessure d'amour. Dans les *Canzoniere*, le thème de la surprise d'amour par fascination ou blessure s'exprime fréquemment par l'image d'un animal emblématique de l'existence libre – la biche ou le cerf – qui se voit atteint d'une flèche dont il ne peut jamais plus se défaire. L'adolescence est ainsi associée à un état de vie sauvage, naturelle, repliée sur soi, «naïve». Mais si l'Amie passe elle aussi de l'insouciance à l'état d'amoureuse, sa «franchise» est cependant différente de l'ingénuité des héros et héroïnes de la poésie amoureuse et des romans sentimentaux. Elle invoque la protection de la déesse Diane, mais loin de se montrer sous l'apparence d'une nymphe fragile et naïve, elle se compare elle-même à une bête de proie. Sans connaître directement l'amour, elle le connaît pourtant par la lecture des poètes, et elle profite de l'exemple des malheureux qui en sont tourmentés. Elle n'est pas «insouciante» à l'égard d'Amour puisqu'elle s'applique à lutter contre le pouvoir du dieu. Consciente de son «honneur» plus que de toute autre chose, elle se tient sur ses gardes et nous n'avons pas de mal à la croire quand elle nous dit qu'elle est sa propre «vieille», une «tour de fermeté» et une citadelle imprenable. La coquetterie, la dissimulation, la feinte lui servent d'armure, cependant qu'elle nourrit secrètement l'espoir d'obtenir toujours mieux. Elle connaît parfaitement tous les rôles qu'elle joue, toutes les images auxquelles elle veut ressembler et qui ont quelque valeur dans son milieu. Mais dans son évocation de l'amour céleste, il manque l'essentiel: le sacrifice de sa liberté. Une conception hédoniste de l'existence préside encore à tous ses choix. Aussi, bien qu'elle pratique le langage et certains signes extérieurs de l'excellence, la jeune fille ne parvient pas à s'élever à la hauteur de ses modèles.

Devenir une «citadelle imprenable» pour les hommes, exciter leur désir sans l'assouvir afin de libérer l'«énergie» intellectuelle et morale nécessaire au salut de l'âme, tel est le modèle qui fascine l'Amie de court, l'image qui informe tout son discours. Son ambition n'est pas répréhensible en elle-même, mais peut-être un peu au-dessus de ses capacités. A la même époque, Pernette du Guillet consacre une élégie au désir d'amour chaste qu'elle dit avoir éprouvé à plusieurs reprises: elle aurait souvent rêvé de se montrer nue à son amant (Maurice Scève) pour l'obliger à faire preuve d'honnêteté à son égard; elle aurait souhaité qu'il soit fasciné par elle comme Actéon devant Diane, mais qu'elle parviendrait, mieux que la déesse, à lui faire surmonter ses désirs. Au moment où elle imagine qu'elle pourrait rendre la déesse jalouse et priver Apollon du service d'un de ses poètes, elle rejette ce présomptueux fantasme:

> Ostez, ostez, mes souhaitz, si hault poinct
> D'avecques vous: il ne m'appartient point.
> Laissez le aller les neuf Muses servir,
> Sans se vouloir dessoubz moy asservir,
> Soubz moy, qui suis sans grace, et sans merite[1].

Retrouvant le «sage cuider», l'ambition tempérée par la raison, le sujet acquiert la dignité qu'elle recherchait dans l'épreuve de chasteté: cessant d'exiger de son amant le service inconditionnel qui ferait d'elle l'égale des déesses, elle le consacre à la Poésie et devient ainsi l'une des causes de *l'œuvre poétique* qui ravira un jour le monde:

---

1 *Combien de foy ai je en moi souhaicté.* Voir appendice II, 2.

Laissez le aller, qu'Apollo je ne irrite,
Le remplissant de Deité profonde,
Pour contre moy susciter tout le Monde,
Lequel un jour par ses escriptz s'attend
D'estre avec moy et heureux, et content.

Entre la prétention de l'Amie de court à incarner la «chasteté d'amour » et ce sacrifice de l'idéal en vue de la réalisation d'un objectif encore plus élevé – l'œuvre poétique que l'amant doit accomplir –, il y a la même distance qu'entre le «faulx cuider» et la sagesse, qu'entre la nymphe présomptueuse et la divine Pallas.

*
* *

En comparant les personnages de la Querelle des Amyes, on voit se composer une palette d'états d'âme et d'esprit qui rappellent ceux de l'errance amoureuse des *Canzoniere*, mais augmentés et hiérarchisés dans la nouvelle optique platonicienne: une même forme de pensée permet d'associer les poètes à un projet unique, celui de représenter «l'amour chaste» dans ses phases progressives, depuis l'insensibilité de l'Amie jusqu'au ravissement spirituel de la Parfaicte Amye. Ainsi, autant le fonds mythologique que l'arrière-plan philosophique nous invitent-ils à placer les personnages de la Querelle des Amyes dans une double relation d'oppposition et de complémentarité, et à voir en elles les phases de l'expérience amoureuse. Les trois déesses s'opposaient sur l'axe horizontal de la beauté, mais les valeurs qu'elles symbolisaient se rangeaient sur un axe vertical. De même, sur le plan philosophique, les trois Amyes s'opposent et se complètent puisqu'elles *déploient* la notion d'amour chaste sur le mode de la dialectique platonicienne, depuis la naissance, à partir du chaos, de l'étincelle ou désir d'amour céleste – c'est *L'Amie de court* –, à sa «nourriture et accroissement» dans *La Contre Amye*, jusqu'à sa réalisation dans le poème d'Héroet. Le désir lui-même fait l'objet d'une représentation similaire, complémentaire et hiérarchisée: érotique et jamais assouvi chez l'Amie, il provoque une agitation continuelle de l'être, tandis que pour la Contre Amye, il est source de vie, d'ordre et d'harmonie dans l'univers; la Parfaicte Amye, enfin, en dégage la valeur métaphysique et l'associe à la quête de l'âme pour son salut; elle est la seule à ne pas caricaturer ou simuler l'idéal[1]. Ce qu'il manque aux deux autres figures, ce n'est ni la volonté, ni la qualité de l'être, mais tout simplement la «grâce» divine.

Le poème de La Borderie ne se moque pas de la doctrine du «chaste amour» mais de la croyance qu'ont certaines d'inspirer la «perfection d'amour»[2] en se plaçant au-dessus des conventions ou en tenant des discours philosophiques. *L'Amie de court* se situe dans la perspective ouverte par le *Nouvel Amour* d'A. Papillon, poème que l'on peut considérer comme la principale clé de la Querelle des Amyes, parce qu'il conclut que l'expérience de l'amitié parfaite est un bien rare, réservé aux âmes d'élite. La doctrine de «l'amour chaste» étant à la mode, les poètes ne pouvaient mieux en confirmer la valeur et en renforcer la fonction modélisante qu'en la retirant du circuit ordinaire de

---

1 La Contre Amye, malgré sa plus grande conformité à la morale conventionnelle, ne saurait incarner l'idéal de la «chasteté d'amour». Elle observe et critique le comportement des autres et elle nourrit encore beaucoup trop d'animosité à l'égard des coquettes pour passer pour un modèle. On ne parvient pas à prendre au sérieux les passages que Charles Fontaine a empruntés à Marsile Ficin et placés dans le discours de cette jeune prude. Ce n'est pas la pensée ficinienne que Fontaine a caricaturée, mais l'association de cette philosophie au conformisme moral ou à la «superstition».

2 L'épigramme attribuée à La Borderie (Bibl. Nat. Ms. fonds français 1667, fol. 158) allait aussi dans ce sens: elle disait à Mademoiselle de Tallard qu'elle ne devrait pas traiter ses admirateurs de façon hautaine et qu'elle n'avait pas autant de «grâces» qu'elle le croyait.

l'humanité pour en faire le privilège de quelques individus exceptionnels. Telle sera encore l'optique du poème qui accompagne la traduction par Simon Sylvius du *De Amore* de Ficin, publié en 1546: l'Amour inventé jadis par Platon redescend aujourd'hui du ciel sur la terre, mais pour éviter d'être maltraité par les humains comme il l'a été par le passé, il est venu se réfugier dans le jardin de la reine de Navarre. *L'Amie de court* s'inscrit parfaitement dans ce nouveau courant. La Borderie ne visait pas tant à dénoncer le cynisme et la vanité des dames de cour en général qu'à représenter une de ces «fausses chastes»[1] qui, par leur «faulx (fol) cuider» prétendaient incarner les grands modèles et mériter la «perfection d'amour».

Estienne Dolet avait donc raison, *L'Amie de court* contient bel et bien de «bons enseignements à propos de la chasteté d'amour», les mêmes que ceux que commençaient à répandre les poètes amis et disciples de Marot et de Marguerite de Navarre, qui avaient pris part à l'élaboration de la mystique de «ferme amour» dans les années 1530-1540. La «parfaicte amitié», disaient alors les poètes, est un cadeau des dieux, une grâce accordée à quelques personnes choisies. Beaucoup sont appelés: à ceux-là de se montrer digne du «nouvel amour», car bien plus rares seront ceux qui atteindront la «parfaicte amitié», cette métamorphose de l'amour «de mort en vie».

---

1 Comme Molière dira plus tard avoir représenté de «fausses précieuses» dans sa comédie, respectant trop les «vraies précieuses» pour vouloir les ridiculiser. On a souvent rapproché l'Amie de court de Célimène, mais en fait, c'est plutôt une «précieuse ridicule» avant la lettre.

APPENDICE

I

POEME LIMINAIRE: ce poème sur lequel s'ouvre la traduction du *De Amore* par Simon Sylvius dit Jean de La Haye (1546)[1] s'apparente par le style à *L'Amie de court* et par le traitement du sujet au *Nouvel Amour* d'A. Papillon. L'Antéros platonicien est décrit comme l'exact contraire d'Eros.

A LA ROYNE DE NAVARRE, QUELQUE AMY DE I. DE LA HAYE.

Jadis Platon se sentit amoureux,
Non de l'amour qui fait les doloureux,
Et qui le sens, & la personne change:
Mais d'un amour a celuy tout estrange,
Qui les Amants ne brusle, ny consume
Mais seulement dedans l'esprit allume
Ung feu si doulx, & si bien moderé,
Que tout le corps en est bien temperé.
Or trouvant donc cest amour profitable,
Autant ou plus, que l'autre est dommageable,
Et voyant bien que nul ne le sçavoit
Mais que chascun le maulvais ensuyvoit,
Il proposa de sa plume divine
D'escrire au vif sa celeste origine,

---

1 *Le Commentaire de Marsille Ficin, Florentin: sur le banquet d'Amour de Platon: faict Francois par Symon Silvius, dit J. De la Haye, Valet de Chambre de treschrestienne Princesse Marguerite de France, Royne de Navarre.* Avec Privilege du Roy. On les vend a Poictiers, a l'enseigne du Pelican. M.D. XLVI.

Sa fin, l'effect, sa puissance, & son estre
A celle fin qu'on le peust mieux cognoistre.
Il le forma, non comme ung Cupido
Qu'on faict dormir au giron de Dido:
Non comme il est descript & ordonné
Quand il blessa le Soleil & Daphné:
Il n'a point d'arc, ny de trousse derriere,
Il n'est point nud, il n'est point sans lumiere,
Il n'est point jeune, ainsi que l'autre on faict,
Il est tousjours en son aage parfaict:
Il n'est point feinct, desloyal, & muable, /
Il est entier, loyal, ferme & durable.
    L'ung est cruel, soubs ung peu de beaulté,
L'autre est seul beau, & seul sans cruaulté:
L'ung dit qu'il est de Venus provenu:
L'autre du Ciel en ce monde est venu.
L'ung est sorty de l'escumme de l'unde:
L'autre est yssu du plus beau lieu du monde.
L'un est Dieu feinct, & des Dieux feincts supreme:
L'autre est vray Dieu, & le seul Dieu luy mesme.
L'un par rigueur faict avoir ung desir:
L'autre a rebours faict aymer a plaisir.
L'effect de l'un est une amour certaine:
L'effect de l'autre est plutost une hayne.
Et des effects la fin que lon pretend,
L'un en tout bien, l'autre en tout mal s'estent:
Bref en leurs faicts, en leur forme, & vesture
Ilz sont tousjours de contraire nature.
Tant seulement se resemblent d'un poinct
Que l'un & l'autre ha deux aesles a poinct:
Et toutesfois en ceste leur semblance
Ilz ont encor une grand' difference.
Car l'un les a, pour nous donner entendre,
Que tous amants doibvent en hault pretendre:

Et l'autre baille un argument certain,
Combien il est volage & incertain.
Peut estre aussi que chascun d'eux auroit
Torche & brandon de quoy il useroit.
Mais l'ung feu brusle, & rend chaulde douleur, /
Et l'autre cause une doulce chaleur.
Or voyla donc comment Platon tira
Ce bon Amour, & plusieurs attira,
Tant que desja par la semblance faicte
Le vray sortoit en notice parfaicte.
Et tellement en estime venoit,
Qu'une grand part pour son Roy le tenoit.
Ce que voyant Cupido le trompeur
Fut tout esmeu de courroux, & de peur,
Meu de courroux, pour l'autre qu'on admire:
Et meu de peur, de perdre son empire:
Tant qu'il pensa de mettre son povoir
Pour cest Amour forcer, ou decepvoir.
Lors assembla une grande puissance
De ceulx qu'il tient soubz son obeissance:
Et pour bref dire, il luy fist telle guerre
Qu'il le chassa du tout hors de la terre.
Et par cela les bons, & vrays amys
Feurent encor a Cupido soubzmis.
Voyla comment l'Amour se retira
La hault es cieulx, ou depuis demoura,
Et Cupido remply de fiction
Tenoit ça bas tout en subjection,
Jusqu'a ce temps que quelqu'un d'aventure
A retourné l'ancienne paincture
Du bon Platon, qui les a demonstrés
Mieulx que jamais polys & accoustrés.
Si que desja mieulx que jamais aussi /
On le cognoist, & le cherist icy.

Ce que voyant du celeste heritage
Le vray Amour, il a prins ung courage
De retourner dessus la terre encore,
A celle fin qu'on le suyve & honore.
Or il a donc son hault vol estandu
Tout droict ça bas, ou il est descendu:
Mais approchant ceste terre cruelle,
Il eut encor quelque crainte nouvelle.
Tant qu'il ne sceut en quel lieu se poser
Pour seurement se povoir reposer,
Jusques a tant qu'en fin il est venu
Sur voz Jardins, ou soubdain a cogneu
Que son Image & semblance formee
Des Jardiniers estoit fort estimee.
Lors fort joyeux brandist son aesle gaye
Et doulcement se mist sur une Haye,
Ou quelque temps son repos il a pris,
Et puis apres d'ung desir feut espris
D'aller vers vous, ayant bien cognoissance
Qu'il seroit la en plus grande asseurance
Et mieulx traicte, d'une vraye Princesse,
Que Cupido d'une feincte Deesse:
Il y va donq. Je croy ja qu'il y est:
Non pour ung peu, mais pour y faire arest,
Et y durer tant que vous regnerez
Et y regner tant que vous durerez.

II

RYMES DE PERNETTE DU GUILLET[1]

1. Elégie de Parfaicte Amytié

Cette pièce offre une synthèse des principaux thèmes de *L'Amie de court.*

Quand est d'Amour, je croy que c'est un songe,
Ou fiction, qui se paist de mensonge,
Tant que celuy, qui peult plus faire encroire
Sa grand faintise, en acquiert plus de gloire.
Car l'un faindra de désirer la grace,
De qui soubdain vouldra changer la place:
L'autre fera mainte plaincte à sa guise,
Portant tousjours l'amour en sa devise,
Estimant moins toute perfection
Que le plaisir de folle affection:
Aussi jamais ne s'en trouve un content,
Fuyant le bien, où tout bon cœur pretent. [...]
Mais l'amytié, que les Dieux m'ont donnee,
Est à l'honneur toute tant adonnee

---

1 Extrait de *Rymes de gentile, et vertueuse Dame Pernette du Guillet Lyonnoise.* (A Lyon, par Jean de Tournes, 1545) in *Poètes du XVIe siècle*, édition et notes par A.-M. Schmidt, (Paris, Gallimard, Bibliothèque de la Pléiade, 1953), p. 229 sq.

Que le moins seur de mon affection
Est asseuré de toute infection
De Faux Semblant, Danger, et Changement,
Estant fondé sur si sain jugement
Que, qui verra mon amy apparoistre,
Jamais fasché ne le pourra congnoistre:
Pource qu'il est tousjours à son plaisir
Autant content que contient mon desir.
Et si voulez sçavoir, ô Amoureux,
Comment il est en ses amours heureux:
C'est que de moy tant bien il se contente,
Qu'il n'en vouldroit esperer autre attente,
Que celle là qui ne finit jamais,
Et que j'espere asseurer desormais
Par la vertu en moy tant esprouvee,
Qu'il la dira es plus haultz Cieux trouvee.
Parquoy, luy seur de ma ferme asseurance,
M'asseureray de craincte, et ignorance.

2. Combien de foy ai je en moi souhaicté

Cette élégie est centrée sur le fantasme de «l'épreuve de chasteté», que le sujet refuse finalement comme un désir trop élevé pour elle. Le poème se situe dans la perspective du *Nouvel Amour* d'Almanque Papillon: après avoir souhaité réaliser la «perfection d'amour» ici-bas en provoquant le désir de son amant, le sujet fait preuve de modestie en renonçant à son projet. On notera les similitudes avec *l'Amie de court* – l'allusion à la soif endurée près de la fontaine, le recours à l'allégorie, la revendication de la liberté – et la description plus érotisée chez Pernette du Guillet du fantasme de l'épreuve de chasteté:

Combien de foy ai je en moi souhaicté
Me rencontrer sur la chaleur d'esté
Tout au plus pres de la clere fontaine,
Où mon desir avec cil se pourmaine
Qui exercite en sa philosophie
Son gent esprit, duquel tant je me fie
Que ne craindrais sans aucune maignie,
De me trouver seule en sa compaignie:
Que dy je: seule? ains bien accompaignee
D'honnesteté, que Vertu a gaignee
A Apollo, Muses, et Nymphes maintes,
Ne s'adonnants qu'à toutes œuvres sainctes.
Là [quand] j'aurois bien au long veu son cours,
Je le lairrois faire appart ses discours:
Puis peu à peu de luy m'escarterois,
Et toute nue en l'eau me gecterois:
Mais je vouldrois lors quant, et quant avoir
Mon petit Luth accordé au debvoir,
Duquel ayant cogneu, et pri le son,
J'entonnerois sur luy une chanson

Pour un peu veoir quelz gestes il tiendroit:
Mais si vers moy il s'en venoit tout droict,
Je le lairrois hardiment approcher:
Et s'il vouloit, tant soit peu, me toucher,
Lui gecterois – pour le moins – ma main pleine
De la pure eau de la clere fontaine,
Lui gectant droict aux yeulx, ou à la face.
    O qu'alors eust l'onde telle efficace
De le pouvoir en Acteon muer,
Non toutesfois pour le faire tuer,
Et devorer à ses chiens, comme Cerf:
Mais que de moy se sentist estre serf,
Et serviteur transformé tellement
Qu'ainsi cuydast en son entendement,
Tant que Dyane en eust sur moy envie,
De luy avoir sa puissance ravie.
    Combien heureuse, et grande me dirois!
Certes Deesse estre me cuyderois.
Mais, pour me veoir contente à mon desir,
Vouldrois je bien faire un tel deplaisir
A Apollo, et aussi à ses Muses,
De les laisser privees, et confuses
D'un, qui les peult toutes servir à gré,
Et faire honneur à leur hault chœur sacré?
    Ostez, ostez, mes souhaitz, si hault poinct
D'avecques vous: il ne m'appartient point.
Laissez le aller les neuf Muses servir,
Sans se vouloir dessoubz moy asservir,
Soubz moy, qui suis sans grace, et sans merite.
    Laissez le aller, qu'Apollo je ne irrite,
Le remplissant de Deité profonde,
Pour contre moy susciter tout le Monde,
Lequel un jour par ses escriptz s'attend
D'estre avec moy et heureux, et content.

ANNEXES

BIBLIOGRAPHIE

I - SOURCES

L'Abuzé en Court [vers 1450], édition critique par Roger Dubuis. Paris-Genève, Droz, 1973.

Livre de plusieurs Pieces, c'est a dire faict et recueilly, de divers Autheurs, comme de Clement Marot, et autres. Lyon, Claude Bacquenois, 1548.

Le Messagier Damours. A Paris, par Anthoyne Bonnemere, s.d. [vers 1489].

Opuscules d'amour par Heroet, La Borderie et autres divins poëtes. (A Lyon, Par Jean de Tournes, 1547). Reproduction en fac-similé par M.A. Screech. The Hague, Mouton Editeur/Johnson Reprint Corporation, 1970.

ALBERTI, L. B., *Hecatomphile. De vulgaire Italien tourné en langaige Francois. Les fleurs de poesie Francoises*, Paris, Galliot du Pré, 1534.

ALEXANDRE D'APHRODISE, [*Problemata*] *Les Problèmes d'Alexandre d'Aphrodisée,* Paris, G. Guillard, 1555.

ANGIER, P., *L'Experience de maistre Paul Angier Carentennoys, contenant une briefve defense en la personne de l'Honneste Amant pour l'Amye de Court contre la Contr'Amye.* in

GUEVARA (A. de), *Le Mespris de la court* et *Opuscules d'amour.*

ARISTOTE, [*Problemata*] *Problèmes,* texte établi et traduit par Pierre Louis. Paris, Société d'édition «Les Belles Lettres», 1991.

BILLON, F. de, *Le Fort inexpugnable de l'honneur femenin,* Paris, J. d'Allyer, 1555.

BOCCACE, G., *Elegia di madonna Fiammetta Corbaccio,* introduzione e note di Francesco Erbani. Milano, Garzanti Editore s.p.a. 1988.

——————, *Complainte des Tristes amours de Flammette à son amy Pamphile, translatée d'italien en vulgaire francoys,* Lyon, Claude Nourry, 1532.

BRANTÔME, P. de Bourdeilles, Seigneur de, *Oeuvres complètes*, éditées par J. A. C. Buchon. Paris, 1853.

CASTIGLIONE, B., *Le Courtisan de messire Balthazar de Castillon*, Lyon, François Juste, 1538. (traduction de J. Colin, revue par Estienne Dolet).

——————, *Le Livre du Courtisan*, présenté par Alain Pons, Paris, Editions Gérard Lebovici, 1987.

CAVICEO, J., *Dialogue tres elegant intitulé le Peregrin*, traduction de Françoys Dassy, Paris, Galliot du Pré, 1527; traduction revue par Jean Martin, Paris,Galliot du Pré, 1528.

CESSOLES, J. de, [*Liber de moribus hominum vel officiis nobilium sive super ludo scacchorum*], *Le livre des échecs*, traduit et présenté par J.-M. Mehl, Paris, Stock, 1995.

CHAMPIER, S., *La Nef des Dames vertueuses*, Lyon, J. Arnollet 1503.

CHAPPUYS, C., *Discours de la Court, presenté au Roy par M. Claude Chappuys son libraire, et Varlet de Chambre ordinaire,* [Paris], On les vend en la Rue neufve Nostre Dame à l'enseigne du Faulcheur, par André Roffet, 1543.

CHARTIER, A., *Curial,* (édité par F. Heuckenkamp 1899), Genève, Slatkine Reprints, 1974.

————————,*De Vita curialis detestanda tanquam miseris plena*, Genève, Slatkine Reprints, 1974.

COLLETET, G., «Vie de La Borderie» in *Vies des poètes françois*, Bibl. Nat. Ms, Nouvelles acquisitions françaises, 3073, fol 82–83.

CONTY, E. de, *Le Livre des échecs amoureux* (ca 1400), version abrégée et modernisée par Anne-Marie Légaré, Françoise Guichard Tesson et Bruno Roy. Paris, Editions du Chêne, 1991.

————————,*Le Livre des échecs amoureux*, Bibl. Nat., Ms fr 143.

[CORROZET, G. & VIAS, A.], *La Diffinition & Perfection d'Amour. Le Sophologe d'Amour. Traictez plaisantz & delectables oultre l'utilité en iceulx contenue,* On les vend au palais en la bouticque de Gilles Corrozet libraire, 1542.

CRENNE, H. de, *Les Angoysses douloureuses qui procèdent d'amours* (1538), édition critique et introduction par Paule Demats. Paris, Société d'édition «Les Belles-Lettres», 1968.

————————,*Le Songe* (1541), Genève, Slatkine, 1977.

DU BELLAY, J., «La vieille Courtisane», *Divers jeux rustiques* XXXVI, *Œuvres,* Paris, Classiques Garnier, 1993. Tome II, p. 240 sq.

FICIN, M., *Le Commentaire de Marsille Ficin, Folrentin: sur le banquet d'Amour de Platon:faict Francois par Symon Silvius, dit J. De la Haye, Valet de Chambre de treschrestienne Princesse Marguerite de France, Royne de Navarre.* Avec Privilege du Roy. On les vend a Poictiers, a l'enseigne du Pelican. M.D. XLVI.

———————, *Commentaire sur le Banquet de Platon*, présentation et traduction par R. Marcel, Paris, Société d'édition «Les Belles-Lettres», 1956.

FLORE, J., *Contes amoureux,* Lyon, Editions du CNRS et des Presses Universitaires de Lyon, 1980.

FONTAINE, Ch., *Responce faicte a l'encontre d'un petit livre intitulé le Triumphe d'Argent,* Lyon, François Juste, 1537.

———————, *La Contr'amye de court*, Paris, Imprimé par A. Saulnier, 1543.

FREGOSO, B., [*Anteros sive tractatus contra amorem.* Milano, 1496] *Contramours. L'Anteros ou contramour de messire Baptiste Fulgose* [traduit par Thomas Sebillet] Paris, Martin le Jeune, 1581.

GOUJET, l'abbé C.-P., «La Borderie» in *Bibliothèque françoise* (Paris, 1747), vol XI, p. 148-53 et 156-65.

GUEVARA, A. de, *Le Mespris de la Court, avec la vie rustique. Nouvellement traduict d'Espaignol en Françoys. L'amye de Court. La parfaicte amye. La contre amye. L'androgyne de Platon. L'experience de l'amye de court contre la contre amye. Le nouvel amour.* A Paris, par Jean Ruelle le jeune, libraire demourant en la rue S. Jacques. 1568.

GUILLAUME DE LORRIS et JEAN DE MEUN, *Le Roman de la Rose*, édition et traduction par A. Strubel, Paris, Le Livre de Poche, coll. Lettres gothiques, 1992.

GUILLET, P. du, *Rymes de gentile, et vertueuse Dame Pernette du Guillet Lyonnoise*, A Lyon, par Jean de Tournes, 1545.

———, *Rymes* in *Poètes du XVIe siècle*, édition par A.-M. Schmidt. Paris, Gallimard, Bibliothèque de la Pléiade, 1953. pp. 229 sq.

HÉBREU, L., [*Dialoghi d'Amore*] *Dialogues d'amour*, édition établie par Anthony Perry d'après la traduction de Pontus de Tyard, (Lyon, Jean de Tournes, 1551), Chapel Hill, The University of North Carolina Press, 1974.

HÉROET, A., *Oeuvres poétiques,* édition critique et introduction par F. Gohin, Paris, E. Cornely, 1909.

———, *La Parfaicte amye* (Lyon, Etienne Dolet, 1542), édition critique par Christine M. Hill, University of Exeter, 1981.

LA BORDERIE, B. de, *L'Amie de court inventee par le seigneur de la Borderie.* Paris, par D. Janot et V. Sertenas 1541 (n.s. 1542).

———, *Discours du Voyage de Constantinoble, envoyé dudict lieu à une Damoyselle de France* [par le Seigneur de la Borderie], Lyon, P. de Tours, 1542.

————————, *L'Amitié de Titus et Gisippe* (traduction de la nouvelle 8 de la 10e Journée du Décaméron de Boccace), in Livingston (Ch.), «Un disciple de Clément Marot: Bertrand de la Borderie», *Revue du seizième siècle* 16, 1929. p. 219-82.

————————, «Epigramme [contre Mademoiselle de Tallard pour le Comte de Lamirande]», Bibl. Nat., Ms fr. 1667, fol 158.

LA CROIX DU MAINE, F. Gure, Sieur de, *Les Bibliothèques françoises de La Croix du Maine et de du Verdier,* Paris, Saillant et Nyon,1772-1773.

MARGUERITE DE NAVARRE, *La Fable du faulx cuyder, contenant l'histoire des nymphes de Dyane transmuées en saulles, faicte par une notable dame de la court, envoyée à Madame Marguerite, fille unicque du roy de France.* Paris, Gilles Corrozet, 1546.

————————, *Heptaméron* in *Conteurs français du XVIe siècle*, Paris, Gallimard, Bibliothèque de la Pléiade.

————————, *Théâtre profane*, édition critique par V. L. Saulnier. Paris, Droz-Minard, 1978.

MAROT, C., *Oeuvres poétiques*, édition critique par G. Defaux, Paris, Bordas, Classiques Garnier. 2 volumes. 1990-1993.

MAROT, J., «La vraye disant advocate des femmes» (Paris, 1525), in *Recueil de poésies françaises des XVe et XVIe siècle* par A. de Montaiglon, (Paris, 1855-1878, 13 volumes), Tome X, p. 225.

MICHAULT, P., *Le Doctrinal du temps present* (1466), publié par Thomas Walton, Paris, Droz, 1931.

MOULIN, A. du, *Panegyric des damoyselles de Paris*, Lyon, 1545.

PAPILLON, A., *La Victoire & Triumphe d'Argent contre Cupido dieu d'Amours n'aguieres vaincu dedans Paris*. MDXXXVII. On les vend à Lyon chez François Juste pres Nostre Dame de Confort.

——————, *Nouvel Amour inventé par le Seigneur Papillon. Item une epistre en abhorrant folle amour par Clement Marot*. Rouen, Nicolas de Bruges, 1541.

PICCOLOMINI, Enea Sylvio, *L'Ystoire d'Eurialus et Lucresse, vrays amoureux, selon Pape Pie* (mise en vers français par Octovien de Saint-Gelais), Paris, 1493.

——————, *Le Remede damour compose par Eneas Silvius. Aultrement dit Pape pie second translate de latin en francoys par maistre Albin des Avenelles* (..). On les vend a Paris en la rue neufve nostre Dame a lenseigne de lescu de France. (s.d.).

PISAN, Ch. de, «Epistre au dieu Amour» in *Oeuvres poétiques* (publiées par M. Roy. Paris, F. Didot, 1886-1896), tome II.

PLATON, *Le Banquet*, traduction par Léon Robin, Paris, Société d'édition «Les Belles-Lettres», 1929.

ROJAS, F. de, *Celestine*. Paris, Galliot du Pré, 1527.

TOMEO, N. L., *Les Questions problematiqus* (sic) *du pourquoy d'amours, Nouvellement traduict d'italien en langue françoyse par Nicolas Leonique* [Tomé]. *Avec ung petit livre contenant le Nouvel amour inventé par le seigneur Papillon, et une epistre abhorrant folle amour par Clement Marot. Aussi plusieurs dixains a ce propos de Saincte Marthe.* On les vend à Paris (...) par Alain Lotrian, 1543.

VIENNE, Ph. de, *Le Philosophe de court,* édition critique de P.-M. Smith, Genève-Paris, Droz, 1990.

VIVÈS, L., *Livre tres bon, plaisant, salutaire de l'Institution de la femme chrestienne, avec l'office du Mary par Jean Loys Vives*, [traduction par Pierre de Changy], Lyon,1540.

II - ÉTUDES HISTORIQUES ET LITTÉRAIRES

Anteros, sous la direction de Ullrich Langer et de Jan Miernowski, Orléans, Paradigme, 1994.

ALBISTUR, M. et ARMOGATHE, D., *Histoire du féminisme français*, Paris, Editions des femmes, 1977.

———————, *Le Grief des femmes. Anthologie de textes féministes du Moyen Age à la seconde République,* Paris, Editions Hier et Demain, 1978.

ANGENOT, M., *Les Champions des dames*, Québec, Presses de l'Université du Québec, 1977.

AUGUIS, P., *Les Poètes français depuis le XIIe siècle jusqu'à Malherbe, avec une notice littéraire sur chaque poète,* Paris, 1824. 5 volumes.

BERRIOT-SALVADORE, E., *Les Femmes dans la société française de la Renaissance*, Genève, Droz, 1990.

———————, «Les Femmes dans les cercles intellectuels de la Renaissance: de la fille prodige à la précieuse», *Mélanges Pitti-Ferrandi. Etudes corses, études littéraires.* Le Cerf, 1989, p. 210–37.

BOURRILLY, V. L., «L'Ambassade de La Forest et de Marillac à Constantinople (1535–1538)», *Revue historique*, 1901. p. 297–328.

———————, «Bertrand de la Borderie et le *Discours du Voyage de Constantinople*», *Revue des études rabelaisiennes* IX, 1911. p. 183–220.

CARRON, J.-C., *Discours de l'errance amoureuse. Une lecture du Canzoniere de Pontus de Tyard*, Paris, Vrin, 1986.

CHAMARD, H., «La Borderie» in *Dictionnaire des lettres françaises. XVIe siècle*, Paris, Librairie Arhème Fayard, 1951. p. 410

CHAVY, P., *Traducteurs d'autrefois. Moyen Age et Renaissance: dictionnaire des traducteurs et de la littérature traduite en ancien et moyen français (842-1600)*, Paris–Genève, Champion–Slatkine, 1988. 2 volumes.

CIAVOLELLA, M., «Trois traités du XVe siècle italien sur *Anteros*: *Contra Amores* de Bartolomeo Sacchi, *Anterotica* de Pietro Edo et *Anteros* de Battista Fregoso» in *Anteros*, sous la direction de Ullrich Langer et de Jan Miernowski, Orléans, Paradigme, 1994.

COTTRELL, R. D., «Le Déplacement d'Eros par Anteros dans L'Amye de Court de La Borderie» in *Anteros*, sous la direction de U. Langer et de J. Miernowski, Orléans, Paradigme, 1994, p. 117-36.

CUYX-BARNES, M.-T., *Etude sur la Querelle des amies suivie d'une édition annotée de la Contr'amye de Court de Charles Fontaine*, Dissertation, Florida State University, 1974.

DA SILVA, G., *De l'égalité à l'équité*, Paris, L'Harmattan, 1995.

DEFAUX, G., «Marot et «Ferme Amour», Essai de mise au point» in *Anteros*, sous la direction de U. Langer et de J. Miernowski, Orléans, Paradigme, 1994, 137-69.

FEBVRE, L., *Amour sacré, amour profane: autour de l'Heptaméron*, Paris, Gallimard, 1944.

FONTAINE, M.-M., «La Borderie» in *Dictionnaire des auteurs de langue française*, Paris, Bordas 1987. II, 1239-40.

GUILLERM, L. & alt, *Le Miroir des femmes*, Lille, Presses de l'Université de Lille, 1983–1984.

HAUVETTE, H., «Les plus anciennes traductions françaises de Boccace», *Bulletin italien* VIII (1908). p. 1–17.

HAWKINS, R. L., *Maistre Charles Fontaine, Parisien*. Cambridge (MA), Harvard University Press, 1916.

HANNING, R. W. and ROSAND, D., *Castiglione, The Ideal and th Real in Renaissance Culture*, New Haven, Yale University Press, 1983.

LACHÈVRE, F., *Bibliographie des recueils collectifs de poésies du XVIe siècle*, Paris, Honoré Champion, 1922.

LANGER, U., «L'honneste amitié et le refus du désir dans la tradition morale latine» in *Anteros*, sous la direction de U. Langer et de J. Miernowski, Orléans, Paradigme, 1994, p. 99-116.

————————,*Perfect Friendship*, Genève, Droz, 1994.

LAZARD, M., *Images littéraires de la femme à la Renaissance*, Paris, Presses universitaires de France, 1985.

LEFRANC, A., *Le Tiers Livre et la querelle des femmes*, Paris, Honoré Champion, 1904.

————————,*Le Platonisme et la littérature en France à l'époque de la Renaissance*, Paris, Armand Colin, 1896.

————————, *Marguerite de Navarre et le platonisme de la Renaissance*, Nogent-le-Rotrou, Imprimerie de Daupeley-Gouverneur, 1897.

LESTRINGANT, F., «La Famille des «tempêtes en mer». Essai de généalogie.» in *Ecrire le monde à la Renaissance*, Orléans, Paradigme, collection *Varia*, 1993, p. 139-56.

LIVINGSTON, Ch., «Un disciple de Clément Marot: Bertrand de la Borderie», *Revue du seizième siècle* 16 (1929), p. 219-82.

MACLEAN, I., *The Renaissance Notion of Woman*, Cambridge, Cambridge University Press, 1980.

MERRILL, R. V., «Eros et Anteros» in *Anteros*, sous la direction de U. Langer et J.Miernowski, Orléans, Paradigme, 1994. (Réédition), p. 27-60.

ROUBICHOU STRETZ, A., *Maurice Scève et l'école lyonnaise.* Paris, Bordas, 1973.

ROUBAUD, J., *Impressions de France. Incursions dans la littérature du premier XVI*[e] *siècle, 1500-1550*, Paris, Hatier, collection Brèves, 1991.

SCREECH, M. A., «An Interpretation of the *Querelle des Amyes*», *Bibliothèque d'Humanisme et Renaissance* 21 (1959), p. 103–130.

————————, *The Rabelaisian Marriage*, London, Arnold, 1958.

SEZNEC, J., *La Survivance des dieux antiques,* [2e éd.] Paris, Flammarion, 1980.

SMITH, P. M., *The Anti-Courtier Trend in Sixteenth Century French Literature*, Genève, Droz, 1966.

TELLE, E., *L'Oeuvre de Marguerite d'Angoulême, reine de Navarre et la Querelle des femmes*, (Toulouse, 1937), Genève, Slatkine Reprints, 1969.

TILLEY, M.A., *Grands Ecrivains de la Renaissance* par Abel Lefranc (compte rendu), *Modern Language Review* IX (1914), p. 543-48.

————————, *The Literature of the French Renaissance*, Cambridge, Cambridge University Press, 1904.

TOLDO, P., «Le Courtisan dans la littérature française et ses rapports avec l'œuvre de Castiglione.», *Archiv für das Studium der neueren Sprachen und Literaturen* 104 (1900), p. 75-121.

TOMARKEN, A., *The Smile of Truth: The French Satirical Eulogy*, Princeton, Princeton University Press, 1990.

WOODHOUSE, J. R., *Baldesar Castiglione: A Reassessment of «The Courtier»*, Edimburgh, Edimburgh University Press, 1978.

INDEX

I - INDEX DES AUTEURS CITÉS

II - INDEX DES THÈMES ET DES ŒUVRES

N.B. Les chiffres en italiques indiquent les vers de *L'Amie de court*

GLOSSAIRE

abuse: (199) *trompe*
ains que: (824) *mais qu'au contraire*
amander: (40) *réparer*
anonchallit (s'): (285) *se laisse aller, se néglige*
appertement: (125) *ouvertement*
augure: (890) *avenir, destin*

batterie: (236) faire__ : *tirer*
bouche (de): (300) *en paroles*

caute: (229) *prudente*
ceston: (547) *ceinture de Vénus, symbole de chasteté*
complaindre (se): (449) *se plaindre*
cuider: (74, 121, 389, 410, 618, 706) *croire, penser*

deduictz: (506) *divertissements, jeux, plaisirs*
demeure (faire): (563) *rester, se maintenir*
destour: (145) *retranchement, mauvais pas*
devis: (627) *conversation*
dieu d'aymer: (5) *Dieu d'amour, Cupido*
disert, e: (248, 565) *éloquent(e)*
dolentes: (3) *tristes, plaintives*

effectz: (740) *actes (par opposition aux paroles)*

enchante: (17) *transforme, rend merveilleux*
esbais (m'): (1) *je m'étonne*
escarmouche: (238) *échange de tir entre des soldats isolés*
escoutes: (244) *espions ou moyens pour surprendre les projets de l'ennemi*
esjouyr: (674) *réjouir*
espie: (226)*espion(ne)*
estude: (809) *effort*
experience: avoir l'__ (103): *subir, éprouver*; voir l'__(821): *constater*

fainct: (112, 678) *feint, faux*
fame: (333) *réputation, renommée*
foy: (148, 175, 315, 317) *fidélité, loyauté*
franc vouloir: (574) *libre arbitre*
fraulde: (216, 256) *ruse, tromperie*

grief: (49) *pénible*

hazard: (595) *risque*
heur: (438, 641) *chance, bonne fortune*

impolue: (526) *vierge*
indices: (217) *exemples*
industrie: (342) *habileté*
infélicité: (22) *malchance, malheur*

jaçoit que: (215)*bien que*

lairra: (305) *laisser (futur)*

loz: (72, 333) *louanges, éloges*

mectable: langue __ : (719) *courtoise, polie, sociable*
mundc: (873) *synonyme de pur*

non chailloir: (273) *négligence*

offendre: (604) *offenser*
omelies: (836) *prières, plaintes, regrets*
oncques: (13) *jamais*
ord, e: (552, 588) *sale, impur(e)*
ouverture: (44) *possibilité*

passible: (202) *provisoire, temporaire, précaire*
piteuses: (3) *pitoyables*
poingt (poindre): (49) *oppresser, angoisser*

querant: (780) *cherchant, quémandant*
querimonie: (658) *plainte, querelle*

sagette: (14) *flèche*
saisir: (23) *surprendre*
serf, serve: (224, 466, 569, 639) *esclave, serviteur*
souldars: (142) *soldats (sans valeur péjorative)*
survenant: (534) *qui arrive sans qu'on l'attende, sans invitation*

tarder: (191) *retarder*
tollir: (417) *enlever*
trompette: masc.: (183) *héraut, messager*

usurper: (115) *chasser, voler*

vieille: (379, 383, 388, 390) *suivante, gouvernante, duègne, chaperon*

voisent: (800) *aller (subjonctif)*

voluntaire: (509) *jeunesse __: impulsive*

volunté: (621) *désir, impulsion*

TABLE DES MATIÈRES